Das Traummännlein kommt

Ch. Marcik (Hrsg.)

DAS TRAUMMÄNNLEIN KOMMT

Die schönsten Geschichten

VER◊TAS

Hinweis für Traummännlein-Liebhaber:
Weitere 17 Geschichten gibt es auf der CD „Das Traummännlein kommt"
(LC-5130 © ORF Studio Wien, Best.Nr. 10222).

Titelbild von Gottfried Kumpf
nach der Originallithographie „Alma"
Auflage: 250
aus der Edition Hilger NEUE EDITION 1995

Illustrationen von
Helmut „Dino" Breineis, Leonding

Die Deutsche Bibliothek – CIP-Einheitsaufnahme

Das Traummännlein kommt: die schönsten Geschichten /
ORF, Radio Wien. Christina Marcik (Hrsg.). – 1. Aufl. – Linz:
Veritas-Verl., 1995
ISBN 3-7058-5026-1

1. Auflage (1995)
Gedruck in Österreich
Lektorat: Dr. Maria Seifert, Wien
Umschlaggestaltung: ORF Grafik, Christian Modlik
Satz, Offsetreproduktion, Montage: Typeshop, Linz
Druck: LANDESVERLAG Druckservice Linz

ISBN 3-7058-5026-1

Vorwort

„Das Traummännlein kommt ..." – ein richtiger Evergreen

Als im Jahr 1955 für das Kinderprogramm eine eigene Abteilung geschaffen wurde, da wurde auch das Traummännlein geboren. Marga Frank, die Leiterin der neuen Abteilung, und die Autorin Inge Maria Grimm haben es aus der Taufe gehoben, und seit dem 5. September 1955 bringt das Traummännlein Gute-Nacht-Geschichten, in denen auch immer wieder das liebe, schusselige Trinchen Troll, dargestellt von Kitty Oertl, auftaucht.

Viele Autoren haben im Lauf der Jahre Geschichten für diese am längsten im ORF bestehende Radiosendung geschrieben, und Zigtausende Kinder lassen seit 40 Jahren mit den Traummännlein-Geschichten den Tag ausklingen.

Vierzig Jahre Traummännlein im Radio – aus diesen unzähligen Geschichten haben wir 30 herausgesucht (was gar nicht einfach war), damit nun auch Eltern und Großeltern Geschichten vom Traummännlein vorlesen können.

Wer das Traummännlein in Wirklichkeit ist? Nun, das war immer und bleibt auch weiterhin geheim, denn nicht nur das wahre Abenteuer, sondern auch das richtige Traummännlein entsteht im Kopf – also in der Phantasie.

So hat jeder sein eigenes Traummännlein, und das ist doch gut so. Oder?

Viele schöne, bunte Träume wünschen

Christina Marcik
(Leiterin Junior-Radio Wien)

Dr. Reinhard Scolik
(Intendant Landesstudio Wien)

Wackel & Pelzchen, die Bärenkinder

Onkel Polka

Draußen im Wald, weit weg von den großen Städten, lebt die Familie Pelz. Unter der großen Buche haben Mutter und Vater Bär ihr Haus gebaut. Ein Bärenhaus natürlich, mit großen Fässern für Honig, mit weichen Betten aus Laub und mit Pölstern aus dem Wollhaar ihres braunen Pelzes.
Wackel heißt der Bärensohn, weil er so einen wackeligen Gang hat. Sein Bauch ist meistens schwer vom vielen Honigschlecken, deshalb geht er so wackelig.
Heute ist ein großer Tag für Wackel: Onkel Polka kommt auf Besuch. Polka war früher einmal Tanzbär beim Zirkus, und er erzählt immer viele lustige Geschichten. Manchmal singt er mit seiner brummigen Bärenstimme: „Links das Bein und rechts dazu, Polka tanz' ich ohne Schuh!" Und dann wackelt das dicke Wackelkind mit Onkel Polka im Kreis herum. Onkel Polkas Besuch hat heute einen besonderen Grund: Familie Pelz hat Nachwuchs bekommen! Das ist natürlich ein Grund zum Feiern.
Das Bärenbaby liegt in seiner Wiege aus Baumrinde und schläft, als Polka schnaufend ankommt. Aber Wackel steht schon vor dem Haus, um Onkel Polka zu begrüßen: „Huhu, Onkel Polka, schau, was ich kann!" ruft er und führt einen wackeligen Tanz vor.

„Ja, ja, recht gut", brummt Polka. „Aber nicht nur wackeln! Links das Bein und rechts dazu, wie ich es dir gezeigt habe."

„Tanz mir eine Polka vor!" bittet Wackel.

„Nein, Wackel, mir ist jetzt viel zu heiß. Außerdem muß ich mir doch dein Schwesterchen ansehen. Deshalb bin ich ja gekommen."

„Ach, sie schläft nur die ganze Zeit", sagt Wackel achselzuckend. „Sie ist langweilig. Sie kann nicht reden, sie kann nicht gehen, sie kann nur schreien!"

„Hm, so sind Babies eben", meint Onkel Polka. „Aber warte nur ein Weilchen, bald wackelt sie mit dir um die Wette."

Dann stellt Polka seinen Rucksack ab und wischt sich den Schweiß von der Bärenstirn.

„Was ist denn da drinnen?" will Wackel wissen.

„Geschenke", sagte Polka geheimnisvoll und holt ein großes Paket aus dem Rucksack. „Dieses ist für einen braven Bärenbuben!"

„Brav war ich nicht gerade!" seufzt Wackel. Er macht eine traurige Bärennase.

„Na, na", meint Onkel Polka, „so schlimm wird es schon nicht gewesen sein. Schau, was ich dir mitgebracht habe." Und er überreicht Wackel das große Paket.

„Was ist denn das?" fragt Wackel neugierig.

„Ein Roller. Ich habe ihn selbst aus Holz gebastelt", antwortet Onkel Polka stolz.

„Wofür ist das – ein Roller?" Wackel kann mit dem komischen Ding nichts anfangen.

„Man kann damit fahren", erklärt der Onkel. „Komm, ich zeig' es dir!" Der dicke Polka schwingt sich auf den Roller und dreht eine Runde um das Bärenhaus.

„Laß mich auch probieren! Laß mich fahren!" schreit Wackel aufgeregt.

Er ist ganz atemlos, so schnell ist er hinter Polka hergewackelt.

„Da hast du dein Fahrzeug. Aber gib gut acht!" sagt Onkel Polka noch, aber zu spät! Schon ist der ungeschickte Wackel in den Himbeersträuchern gelandet und macht ein klägliches Gesicht.

Onkel Polka befreit Wackel aus seinem stacheligen Parkplatz. „Wenn du fleißig übst, kannst du bald im Wald herumbrausen. Aber jetzt komm, Wackel! Wir wollen deinem Schwesterchen eine Polka vortanzen."

Er gibt Wackel seine Tatze und singt: „Links das Bein und rechts dazu, Polka tanzen wir ohne Schuh!"

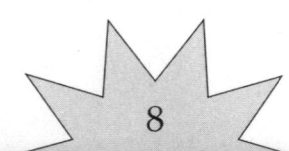

Rollerfahren

„So, so, einen Roller hat dir Onkel Polka geschenkt!" brummt Vater Bär. „Der ist schön!"

„Nicht wahr, Papa, er ist wunderschön. Und Onkel Polka hat ihn selbst gebastelt!" sagt Wackel der Bärenbub begeistert. Onkel Polka, der lustige Tanzbär, ist sein Lieblingsonkel.

„Kannst du schon fahren?" fragt Mutter Bär.

„Naja", meint Wackel kleinlaut. „Noch nicht sehr gut. Ich wackle hin und her, dann macht es bumm – und ich fall um."

„Wird schon werden!" tröstete Mutter Bär und krault Wackel den braunen Pelz. „Aber jetzt mußt du aufpassen, denn das kleine Pelzchen liegt in seiner Wiege und schläft."

„Ja, ja", sagt Wackel. Er ärgert sich, weil das Pelzchen, seine kleine Schwester, schon wieder schläft. Daß Babies immer schlafen müssen, denkt Wackel. Schlafen und schreien, so geht es den ganzen Tag.

„Ich muß jetzt nach Bärendorf einkaufen gehen", sagt Mutter Bär. „Und Papa geht auf Honigsuche. Sei also ein braver Bärenbub und paß gut auf das Pelzchen auf!"

„Ja, ja", antwortet Wackel und ärgert sich noch mehr. Kaum sind die Eltern fort, geht er zu seinem Roller. „Eine kleine Runde kann nicht schaden", meint Wackel. Da hört er plötzlich ein weinerliches Brummen.

„Oje, das Pelzchen ist aufgewacht! Gerade jetzt, wenn Mama Bär fort ist!" Mißmutig geht er zu Pelzchens Wiege und beginnt, das Schwesterchen zu schaukeln. „Blumm, Wackel, blumm!" tönt es da auf einmal aus dem Polster. „Wackel! Wackel!"

Erstaunt schaut Wackel in die Wiege hinein. Das kleine Bärenbaby schaut ihn mit blanken schwarzen Augen an.
„Du kannst sprechen?" fragt Wackel. Er ist ganz verblüfft. „Warum schreist du dann immer so fürchterlich?"
„Tanzen, Wackel, Polka tanzen!" lallt Pelzchen mit seiner Babystimme. „Lolla fahn!"
„Na so was!" wundert sich Wackel. „Ich soll Polka tanzen?" – „Polka tanzen!" schreit Pelzchen.
Also schwingt Wackel seine dicken Beinchen, wie Onkel Polka es ihn gelehrt hat: „Links das Bein und rechts dazu, Polka tanz' ich ohne Schuh!"
Pelzchen lacht fröhlich. „Ich auch!" verlangt das Schwesterchen.

„Du? Du kannst ja nicht einmal stehen!" lacht Wackel und schüttelt den Kopf.

„Ich auch!" schreit da das Pelzchen so laut, daß Wackel nachgibt. Er holt das kleine Bärenkind aus dem Wickelpolster und hüpft mit ihm im Kreis herum: „Pelzchen tanzt mit Wackelbär, rundherum, das liebt sie sehr!"

„Blummdiblumm!" singt Pelzchen dazu. „Jetzt Lolla fahn!" schreit Pelzchen nach einer Weile.

„Das geht nicht!" sagt Wackel. „Ich kann es noch nicht so gut, und mit dir ... das geht überhaupt nicht!" – „Lolla!" brüllt Pelzchen mit kräftiger Babystimme. „Naja, wenn du meinst!" Wackel schnappt das kleine Schwesterchen und klemmt es kurzerhand auf den Gepäckträger seines Rollers.

„Blummel, blummel!" meint Pelzchen, ein bißchen atemlos, weil der Gepäckträger auf seinen Bauch drückt. Aber es ist ganz zufrieden.

„Bss, bss, bss, wir faaahren!" schreit Wackel und tritt, so fest er kann. In schneller Fahrt geht es um das Haus und in den Wald hinein. Munter holpert der Roller über die Baumwurzeln, und Pelzchen kichert entzückt.

Da, pardauz, gibt es einen großen Krach. Was ist denn da passiert? Was stand da mitten auf dem Weg? So schnell war die Fahrt auf dem Roller, daß Wackel nicht mehr ausweichen konnte.

Jetzt reibt er sich seinen schmerzenden Kopf und schaut sich um. Der Roller liegt im Gebüsch, aber wo ist das Pelzchen? „Pelzchen! Ist dir etwas passiert? Pelzchen! Wo bist du?" ruft Wackel.

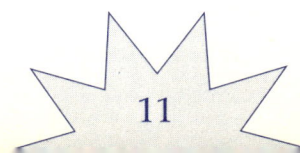

Pelzchen ist verschwunden

„Was ist denn da los?" ertönt plötzlich eine tiefe Stimme aus dem Wald. Und, oje, da kommt Vater Bär vom Baum geklettert.

„Du Nichtsnutz, du hast den Honigtopf umgefahren!" ruft er zornig.

„Auch das noch!" murmelt Wackel. „Aber das ist nicht das schlimmste, Papa!"

„Nicht das schlimmste! Na, das ist schlimm genug!" brummt Vater Bär. „Hast du denn den großen Honigtopf nicht gesehen, du dummer Bärenbub? Und warum fährst du im Wald herum, Wackel? Du solltest doch auf das Pelzchen aufpassen!"

„Das ist es ja, Papa! Das Pelzchen ist mitgefahren. Und jetzt ist es verschwunden!" Der arme Wackel ist den Tränen nahe.

„Ja, hast du denn gar keinen Bärenverstand!" grollt Vater Bär. „Das kleine Bärenbaby hat doch auf deinem Roller nichts verloren! Das Pelzchen soll in seiner Wiege liegen und schlafen. Was hast du denn da angestellt?"

„Aber sie wollte doch unbedingt mitkommen!" versucht sich Wackel zu entschuldigen.

„So ein Unsinn!" Jetzt wird Vater Bär wirklich böse. „Das kleine Pelzchen kann ja noch nicht einmal sprechen! Welche Lügengeschichten erzählst du mir da?"

„Bummeldibumm!" hört man plötzlich eine Stimme dumpf hervorsingen. „Polka tanzen, Lolla fahn, lundhelum!"

„Was ist denn das?" fragt Vater Bär streng.

„Das ist das Pelzchen!" lacht Wackel erleichtert. „Wo kann es denn nur sein?"

„Schmatz, blumm, Lolla fahn – bumm!" ertönt da wieder Pelzchens Stimme.

Wackel hat den großen Honigtopf umgedreht, und siehe da, das Pelzchen liegt darunter. „Schau, Papa! Da ist sie ja! Sie ist unter den Topf gefallen!"

Pelzchen schleckt glücklich an seinen honigverschmierten Tatzen und schmatzt sehr zufrieden: „Mhm, mhm, dumm, dumm, schmatzbumm!"

„Na sowas!" schüttelt der Bärenvater den Kopf und muß lachen. „Hahaha, wenn ich das Mama Bär erzähle! Sie wird es nicht glauben können!"

„Mama, Papa, blumm, blumm!" gluckert das Pelzchen fröhlich. „Lolla fahn, bsss!"

„Siehst du, Papa", lacht Wackel. „Ich hab' dir keinen Unsinn erzählt. Das Pelzchen kann sprechen. Noch nicht so gut, naja, aber man versteht sie."

„Naja", meint Vater Bär, nachdem er sich von seiner Überraschung erholt hat. „Bärenbabies wachsen eben schnell heran!"

„Das wird eine Überraschung, wenn wir das Mama erzählen!" sagt Wackel und schleckt auch noch schnell am Honigtopf.

„Blumm, blumm!" ruft das Pelzchen, und beide sind sehr zufrieden. Über den Honig, der so süß schmeckt, darüber, daß der Sturz so gut vorübergegangen ist, und Wackel besonders darüber, daß er nun mit seiner kleine Schwester spielen und plaudern kann.

Das unglückliche Krokodil

Es war Jahrmarkt in der kleinen Stadt Blumenau. Auf der großen Festwiese gab es ein Ringelspiel, ein Autodrom, eine Achterbahn, eine Geisterbahn, Schießbuden, Würstelverkäufer und natürlich auch ein Kasperltheater.

An einem sonnigen Nachmittag schlenderte Christian über den Jahrmarkt. Um diese Zeit war nicht viel los, und so konnte er sich in Ruhe alles anschauen.

Als er am Kasperltheater vorbeiging, hörte er ein leises Schluchzen. Er drehte sich um, aber niemand war zu sehen. „Ich glaube, das kommt aus dem Kasperltheater!" sagte er zu sich. „Aber da gibt es ja im Moment gar keine Vorstellung. Der Vorhang ist fest zu! Aber vielleicht weint jemand hinter der Bühne?"

Vorsichtig schlich sich Christian hinter das Theater und schaute nach. Dort lagen auf einem Tisch alle lustigen Puppen. Der Kasperl, die Großmutter, der Seppl, der Zauberer und ... das Krokodil! Sonst war niemand zu sehen.

Plötzlich, der Bub glaubte zu träumen, bemerkte er, daß aus den Augen des Krokodils zwei große Tränen rollten, richtige Krokodilstränen!

„Was ... was hast du denn?" fragte Christian.

„Ich bin sooo traurig!" schluchzte das Krokodil.

„Ich will hier nicht mehr Theater spielen!"

„Aber warum denn? Was ist denn geschehen?" wollte Christian wissen.

„Ach, immer bin ich das böse Krokodil, das den Kasperl fressen will! Dabei will ich das doch gar nicht! Doch der Kasperl haut mich immer mit einem Stock auf den Kopf, fängt mich und steckt mich in einen dunklen Sack, in dem ich mich jedes Mal schrecklich fürchte! Und die Kinder, die rufen noch dazu ‚Bravo, Kasperl, bravo!'. Darüber bin ich sooo unglücklich! Aber von nun an spiele ich nicht mehr mit! Ich laufe weg, ganz weg!" klagte das Krokodil.

„Nein, das darfst du nicht! Du gehörst doch dazu! Ein Kasperltheater ohne Krokodil, das geht doch nicht!" rief Christian.

„Damit ich wieder gehaut und in einen Sack gesteckt werde? Nein, danke!" brummte das Krokodil.

„Du, ich weiß etwas! Ich werde mir ein lustiges Stück ausdenken, in dem du eine ganz andere Rolle spielst!" schlug Christian vor. „Dann werden dich alle Kinder gern haben und ‚bravo' rufen! Ich verspreche es dir! Gleich morgen werde ich den Puppenspieler bitten, daß er das Stück aufführt!"

„Naja, dann warte ich halt noch bis morgen mit dem Weglaufen!" meinte das Krokodil.

Den ganzen Nachmittag dachte Christian über ein Kasperlstück nach, und wirklich fiel ihm eines ein.

Am nächsten Tag, nach der Schule, lief er auf den Jahrmarkt und erzählte es dem Puppenspieler. Der war ganz begeistert davon und versprach Christian, das Stück in der Nachmittagsvorstellung zu spielen.

Es wurde ein großer Erfolg. Diesmal wurde der Kasperl auf seinem Spaziergang durch den Wald vom bösen Zauberer Kolobus gefangen und in einen Sack gesteckt.
Und wer, glaubt ihr, hat ihn befreit?
Das Krokodil!
Es riß ein Loch in den Sack, und der Kasperl war wieder frei!
Die Kinder klatschten in die Hände und jubelten: „Bravo Krokodil! Bravo!"
Wie sich das Krokodil da freute! Bis heute ist es im Kasperltheater geblieben und hilft dem Kasperl immer, wenn er in Not ist!

Ferdinand das Schloßgespenst

„Haptschi!" nieste Ferdinand das Schloßgespenst und fragte sich zum zwölften Mal, wo nur sein Neffe Hugo so lange blieb. Er hatte doch tatsächlich einen Schnupfen bekommen, was für ein Gespenst reichlich ungewöhnlich ist. Aber das war ja kein Wunder, denn seit das Schloß umgebaut wurde, standen Türen und Fenster offen. Gräßlich! Dieser Lärm und dieser Gestank nach frischer Farbe! All das hätte Ferdinand ja noch ertragen, doch dieser Umbau bedeutete, daß das alte, ehrwürdige Schloß ein Hotel werden sollte! Das erschien im unerträglich.

Gestern hatte er zufällig ein Gespräch belauscht und dabei den Schloßherrn sagen gehört:

„... darüber brauchen wir uns keine Sorgen zu machen, unser Gespenst wird die Gäste schon gebührend empfangen!"

Ferdinand war vor Wut auf den neuen Kronleuchter gesprungen. Was bildeten sich diese Leute eigentlich ein? Ein Schloßgespenst war doch kein Hotelportier! Er hatte nicht die Absicht, Gäste zu empfangen! O nein, er würde auf der Stelle ausziehen. Deshalb hatte er auch seinen Neffen Hugo hergebeten, der mußte ihm dabei behilflich sein. Wozu hatte man schließlich junge Verwandte?

„Hallo, Onkel Ferdinand!" hörte er auch schon das Waldgespenst rufen.

„Na endlich!" brummte Ferdinand und begann erbärmlich zu stöhnen.

„Oh, bist du so krank?" fragte Hugo besorgt.

„Das kann man wohl sagen!" hauchte Ferdinand und begann ausführlich die Ereignisse zu schildern.

„Das ist ja schrecklich!" sagte Hugo. „Du mußt sofort umziehen – aber wohin? Ein Schloßgespenst braucht schließlich ein Schloß!"

„Du hast recht, lieber Neffe", seufzte Ferdinand, „aber ich bin zu krank, um auf Wohnungssuche zu gehen, deshalb habe ich mich entschlossen, mich bei dir im Wald zu erholen!"

„Naja", sagte Hugo mit wenig Begeisterung, „es wird halt etwas eng werden in meiner Baumhöhle ..."

„Ja, das läßt sich leider nicht vermeiden!" unterbrach ihn Ferdinand. Dann überreichte er Hugo kurzerhand die Reisetasche, stülpte sich eine dicke Wollmütze über und band einen langen Schal um den Hals.

Gemeinsam schwebten die beiden Gespenster die breite Treppe zur Vorhalle.

Irgendwie kränkte es Ferdinand, daß niemand seinen Auszug zu bemerken schien, deshalb stieß er ärgerlich die frischgeputzte Ritterrüstung über die Stufen. Mit lautem Krach polterte sie hinunter.

Der Schloßherr kam sofort in die Halle gelaufen.

Weil Gespenster ja unsichtbar sind, konnte er nur eine Wollmütze, den Schal und die Reisetasche sehen, doch der Schloßherr wußte sofort, was los war.

„Ferdinand", rief er bestürzt. „Du willst uns doch nicht etwa verlassen? Du gehörst doch hierher, und die Hotelgäste kommen nur wegen dir!"

Ferdinand zog die Wollmütze wieder vom Kopf. „Tut mir leid, Neffe Hugo", sagte er. „Ich kann nicht zu dir in den Wald ziehen. Wie du siehst, werde ich hier dringend gebraucht!" Stolz schwebte er wieder nach oben. Einen Augenblick lang blieb Hugo verdutzt stehen, bevor er eiligst die Reisetasche wieder hinaufschleppte.

„Eigenartig", murmelte der Schloßherr, „wir haben doch nur ein Schloßgespenst …!" und betrachtete verwirrt die Reisetasche, die weit hinter der Wollmütze die Treppe hochschwebte.

Billy das Steckenpferd

Billy ist ein Steckenpferd, ein altes hölzernes Steckenpferd, wie man es heute gar nicht mehr so oft findet. „Tja", sinniert der alte Billy manchmal, „auch unsereins wird von der Technik verdrängt. Wie unsere großen, vierbeinigen Vorbilder, die richtigen Pferde!"

Und dabei schaut er hinüber zu dem neuen, chromblitzenden Trittroller, der neben ihm im Abstellraum steht und mit dem der Michi jetzt immer in den Park geht.

Billy lehnt sich in seinem Winkel zurück und träumt von großen, vergangenen Tagen ...

Er war wahrhaftig ein edles Roß damals. Und, alles was recht ist: Auch jetzt kann Billy mit seinem Aussehen noch Staat machen. Von seinem edel geschwungenen Hals flattert eine wilde Mähne aus weißen Lederstreifen. Eines seiner Ohren aus weichem rotem Leder hat er leider verloren – dafür steht aber das andere aufmerksam wie eh und je in die Höhe.

Seine großen Augen sind leuchtend blau. Die langen schwarzen Wimpern lassen ihn ein bißchen verträumt dreinschauen – aber um so feuriger bläht er die rosa Nüstern.

Das Maul hat er immer ein wenig geöffnet. Es sieht so aus, als lachte er verschmitzt. Das rotlederne Zaumzeug mit den goldenen Knöpfen und sein langer Steckenkörper zeigen, wozu er gut ist – oder eigentlich war. Ja, er war ein feuriger Renner und Michael sein kühner Reiter!

Billy kann sich an gefahrvolle Ausritte rund um den Eßzimmertisch oder quer durch die Sandkiste unten im Park erinnern. Er gehorchte seinem Herrn auf den leisesten Schenkeldruck. Dabei vergaß der Reiter manchmal leider, daß Billy hinten ein recht langes hölzernes Ende hatte.

Es muß gesagt werden: Billy hat sicher nicht absichtlich nach der großen Bodenvase ausgeschlagen. Die Mutter hat damals sehr geschimpft, und Roß und Reiter zogen sich still in den Stall zurück.

Der Michi war nicht immer nett zu ihm. Das eine Ohr hat Billy eingebüßt, als ihn sein Herr daran die Stiegen hinaufzerrte. Und einmal hat er sogar eine ganze Nacht allein im Park zubringen müssen. Sein pflichtvergessener Reiter hatte ihn einfach liegengelassen und vergessen.

Trotzdem: „Es war eine schöne Zeit!" denkt Billy jetzt. „Wenn ich nur weiter zu etwas nütze sein könnte! Hier in meinem Winkel werd' ich noch trübsinnig!"

Billy schaut wieder zu dem hochmodernen Trittroller hinüber. Mit dem ist nicht so einfach ins Gespräch zu kommen. „Vielleicht kann der Roller gar nicht reden", denkt Billy. Michael redet ja auch nicht mit diesem Ding. Mit ihm, dem Billy, hat Michi früher viel geredet!

Da geht auf einmal die Tür zum Abstellraum auf. Es ist Michaels großer Bruder, der schon fast erwachsen ist.

„Er ist sicher noch da, wir haben ihn sicher nicht weggeworfen ...", murmelt Michis Bruder. „Der alte Billy muß hier

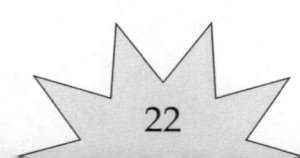

irgendwo herumstehen – ah, da bist du ja!" Er holt Billy aus seinem Winkel. „Prächtig siehst du aus!" ruft er. „Ich muß dich nur ein bißchen abstauben – und schon bist du der tollste Wandschmuck für unser Klublokal."

Und so kam es auch. Jetzt sieht Billy mit seinen großen blauen Augen den jungen Leuten beim Tanzen oder beim Tischtennisspielen zu, und sein fröhliches Gesicht macht auch sie fröhlich.

Daß er nur ein Ohr hat – das hat noch gar keiner bemerkt.

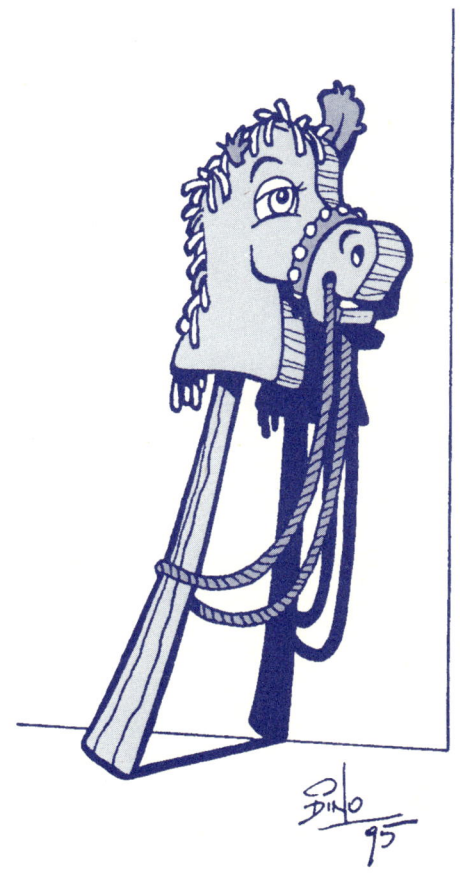

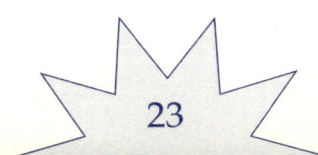

Der kleine, grüne Elefant

Ist ein grüner Elefant
überhaupt ein Elefant?

In dieser Geschichte will ich euch nach Afrika führen. Wie ihr wißt, gibt es dort viele Tierarten, die ihr hier nur im Tiergarten oder im Zirkus sehen könnt, so zum Beispiel die Elefanten. Meine Geschichte handelt von einer großen Elefantenherde. Dazu gehörten große, dicke, kleine, dünne und mittlere Elefanten. Sie alle hatten große Ohren, kleine Augen, lange Rüssel und eine dicke graue Haut.

In der Gegend, in der sie lebten, wuchsen viele Bäume und Büsche, deren Blätter sie aßen. Eines Tages wurde wieder einmal ein kleiner Elefant geboren. Er sah aus wie jedes andere Elefantenbaby, aber trotzdem drängte sich bald die ganze Herde heran, um ihn zu betrachten – er war nämlich nicht grau, sondern grün!

Zuerst dachten alle, daß diese ungewöhnliche Farbe mit der Zeit vergehen würde, jedoch der kleine Elefant wuchs und gedieh und blieb grün. Da er sich aber wie alle anderen Elefantenkinder verhielt und sogar besser als die meisten seiner gleichaltrigen Freunde mit seinem Rüssel Wasserfontänen in die Luft sprühen konnte, gewöhnte sich die Herde bald daran, daß er eben grün war, und niemand beachtete es weiter.

Nur einer konnte sich nicht daran gewöhnen: der kleine, grüne Elefant selber. Er war nicht glücklich. Das lebhafte

Grün seiner Haut erinnerte ihn an alle möglichen anderen Tiere, und er begann, darüber nachzudenken, ob er denn tatsächlich ein Elefant sein. Deshalb streifte er immer öfter in der Gegend umher, um seine grünen Artgenossen zu finden. Zuerst begegnete er einem großen Frosch. Der saß am Rande eines Teiches und quakte. Eine Weile sah ihm der kleine, grüne Elefant zu. Dann kam er zögernd näher und bat schüchtern: „Guten Tag, Herr Frosch. Bitte, sagen Sie mir, was man können muß, um ein Frosch zu sein?"

„Quak, quak, das ist doch ganz einfach", erwiderte der Frosch, „man muß grün sein, quaken können, Fliegen und Mücken verspeisen und vor allem riesige Sprünge machen. Ich zum Beispiel kann in einem Satz den ganzen Teich überqueren!" Damit duckte sich der Frosch und setzte in einem einzigen großen Sprung über den Teich.

Sogleich versuchte der kleine Elefant, es dem Frosch nachzumachen. Er hockte sich an den Rand des Teiches, nahm alle Kraft zusammen und sprang los. Obwohl er viel stärker war als der Frosch, mißlang sein Sprung kläglich. Der kleine, grüne Elefant landete bäuchlings mit solcher Wucht mitten im Teich, daß das Wasser hoch aufspritzte.

Da saß er also, mitten im Teich, und hatte nicht halb so weit springen können wie der kleine Frosch. „Vielleicht", dachte er, „kann ich das Springen noch lernen ..." und versuchte die zweite Kunst, die der Frosch ihm genannt hatte. Er streckte seinen Rüssel steil in die Höhe und versuchte, laut zu quaken. Alles, was er dabei hervorbrachte, war ein etwas verwackelter Trompetenton. Anscheinend konnte er auch nicht quaken.

Während er sich mühsam aufrappelte und ans Ufer trottete, dachte er, daß er sich wohl geirrt haben müsse: Ein Frosch war er offenbar nicht. So machte er sich auf den Weg, um ein anderes Tier zu finden, das eine größere Ähnlichkeit mit ihm hatte.

Wer ist noch grün?

Auf seiner Suche gelangte der kleine, grüne Elefant an das Ufer eines Flusses. Dort sah er große, schuppige, grüne Tiere. Sie lagen mit geschlossenen Augen im Sand und rührten sich nicht. Sie sahen aus, als schliefen sie, und um sie nicht zu wecken, legte sich der kleine, grüne Elefant neben sie, so vorsichtig und leise, wie er konnte.

„Vielleicht", dachte er, „bin ich ein Krokodil", und er blieb ebenso bewegungslos liegen wie die Krokodile rundum.

Nach einiger Zeit erhob sich das größte Krokodil, blinzelte den grünen Elefanten an und fragte: „Was machst du denn hier?"

Und der kleine, grüne Elefant antwortete: „Bitte, liebes Krokodil, ich möchte gern wissen, was man tut, wenn man ein Krokodil ist."

„Das kann ich dir sagen", antwortete das Krokodil und gähnte. „Man liegt in der Sonne und schläft, bis man Hunger hat. Dann wacht man auf, läßt sich ins Wasser gleiten und frißt möglichst viele Fische. Wenn du willst, zeig ich es dir." Damit glitt das Krokodil ins Wasser und tat, was es beschrieben hatte.

Der kleine, grüne Elefant versuchte sofort, es ihm nachzutun. Aber erstens glitt er nicht elegant ins Wasser, sondern plumpste hinein, wobei ihn seine Beine stark behinderten, zweitens kam ihm beim Tauchen Wasser in den Rüssel, so daß er auftauchen und heftig niesen mußte, und schließlich gelang es ihm nicht einmal, auch nur einen einzigen Fisch zu verspeisen.

Betrübt stieg er wieder ans Ufer, verabschiedete sich von dem Krokodil und beschloß, tiefer in den Urwald zu gehen, um ein anderes Tier zu finden, das ihm ähnlicher wäre.

Nach einiger Zeit traf er im Busch eine lange, dicke, grün-schillernde Schlange. Die Schlange sah ihn erstaunt an: „Nanu", zischte sie, „ein grüner Elefant! Wo kommst du denn her?"

„Von ziemlich weit", antwortete der Elefant, „ich bin auf der Suche nach einem Tier, das so grün ist wie ich, denn ich glaube, ich bin gar kein Elefant. Meinen Sie, ich könnte viel-leicht eine Schlange sein?"

„Naja", überlegte die Schlange. „du siehst eigentlich nicht wie eine Schlange aus. Kannst du wenigstens auf dem Bauch kriechen?"

„Ich könnte es ja versuchen!" antwortete der Elefant bereit-willig und legte sich auf den Bauch. Dann kroch er langsam vorwärts, und es gelang ihm sogar recht gut.

„Das war ja schon ganz nett!" sagte die Schlange, „und jetzt mußt du ein Tier hypnotisieren. Wenn es sich nicht mehr bewegen kann, mußt du es fressen."

„Was ist hypnotisieren?" fragte der kleine, grüne Elefant erstaunt.

„Du mußt das Tier ganz fest anschauen", erklärte die Schlange, „dann wird es starr und steif und kann sich nicht mehr rühren. Das nennt man hypnotisieren."

Der kleine, grüne Elefant versuchte es, als ein Hase ange-hoppelt kam. Aber so sehr ihn der Elefant auch anstarrte, der Hase machte nur ein verwundertes Gesicht und hoppelte davon.

„Nein, nein!" rief die Schlange. „du bist zwar grün, aber Schlange bist du keine. Schlangen können von Natur aus hypnotisieren!"

Damit glitt sie ins Dickicht und war verschwunden. Nun hatte der kleine, grüne Elefant schon drei Tiere getroffen, die zwar genauso grün waren wie er selbst - einen Frosch, ein Krokodil und eine Schlange -, aber gehörte trotzdem nicht zu ihrer Gattung. Darüber war der kleine Elefant sehr ent-täuscht, ja fast schon entmutigt, aber aufgeben wollte er doch nicht.

Die bunten Elefanten

Traurig stapfte der kleine, grüne Elefant immer tiefer und tiefer in den Urwald hinein. Es wurde dunkler und feuchter, die Bäume und Pflanzen hatten eine tiefgrüne Farbe. Zuerst beachtete er sie nicht, aber dann blieb er plötzlich stehen, denn zwei starke, grüne Säulen versperrten ihm den Weg. Er besah sie genauer, blickte dann an sich hinunter und entdeckte, daß seine Beine genauso aussahen wie die grünen Säulen. Es waren Stämme von Urwaldbäumen.

„Endlich", dachte der kleine, grüne Elefant glücklich, „endlich weiß ich, was ich wirklich bin! Ich bin ein Urwaldbaum! Als Baum muß ich nur dastehen, und das kann ich ja!"

So stellte er sich neben den Baum, den er als ersten gesehen hatte. Er richtete sich auf einem Hinterbein auf, streckte die anderen drei Beine in die Höhe und zur Seite wie Äste, faltete seine Ohren auf wie Blätter und reckte den Rüssel, als wäre er eine Luftwurzel.

Eine ganze Weile war er überglücklich. Zum ersten Mal in seinem Leben fühlte er sich richtig zu Hause. Er war umgeben von Gestalten, die aussahen wie er und dieselbe grüne Farbe hatten. Nach einer halben Stunde aber wurde er müde.

Er stellte erst sein zweites Hinterbein auf den Boden, dann auch ein Vorderbein, bald darauf das zweite, und schließlich ließ er die Ohren hängen und senkte den Rüssel. Nun sah er nicht mehr wie ein Urwaldbaum aus.

Jetzt war der kleine, grüne Elefant völlig verzweifelt. Er war müde und hungrig und allein. Es war dämmrig geworden, und er begann sich zu fürchten. Leise fing er an zu weinen, und weil er immer unglücklicher wurde, weinte er immer mehr. Er sehnte sich nach seiner Mutter, nach seinen Freunden in der Elefantenherde und dachte, daß er sie nie wiedersehen würde, weil er sich nicht mehr erinnern konnte, auf welchem Weg er in den Urwald gelangt war.

Da vernahm er plötzlich ein entferntes Trompeten. Es hörte sich an wie ein Elefantenruf. Zuerst dachte er, er habe sich getäuscht, aber das Trompeten wiederholte sich.

Da lief er los, quer durch den Busch, bis er auf eine Lichtung kam – und dort hielt er verblüfft inne. Auf der Lichtung standen seine Freunde aus der Elefantenherde. Aber wie sahen sie aus? Sie waren weiß, gelb, rot, blau und braun.

Langsam näherte er sich ihnen. Da umringten sie ihn auch schon und begrüßten ihn freudig. Der kleine Elefant war sehr froh, aber auch ein bißchen verwirrt. Schließlich fragte er seine Freunde: „Wie seht ihr denn aus?"

Da erzählten sie ihm, wie sie sich gefärbt hatten. Sie hatten sich in Staub, in Lehm, in roten und blauen Beeren und in brauner Erde gewälzt, um ihm zu zeigen, daß ein Elefant immer ein Elefant bleibt, ganz gleich, welche Farbe er hat.

Der kleine, grüne Elefant spürte plötzlich ganz stark, wie gern er seine Freunde hatte, und daß er – ob grün oder grau – zu ihnen gehörte!

Otto der Glückspilz

Otto ist ein Glückspilz, fast schon wie der berühmte Gustav Gans aus den Micky-Maus-Heften. Und das nicht nur wegen der verlorenen Geldbörse, die Otto in einer Telefonzelle gefunden hat und für die er einen schönen Batzen Finderlohn bekam.

Und auch nicht nur deswegen, weil Ottos Schildkröte den Wettlauf mit den Schildkröten seiner Freunde natürlich immer gewinnt.

Nein, es ist zum Beispiel auch so: Wenn der Otto beim Wandertag keinen Regenschutz mitgenommen hat, dann regnet es auch garantiert nicht.

Otto ist also ein Glückspilz. Seine Schulkollegen haben ihn trotzdem gern. Denn er ist ein lustiger gescheiter Bub, der den anderen immer gerne aushilft. In der Schule hat sich Otto eigentlich noch nie nur auf sein Glück verlassen. Nur neulich, da hat er es doch dringend gebraucht, und das kam so:

Der Herr Lehrer hatte den Kindern schon vor ein paar Tagen einen Aufsatz als Hausaufgabe gegeben: „Eine lustige Tiergeschichte", hieß das Thema, zu dem ihnen eine Seite im Aufgabenheft einfallen sollte. Und heute war der Aufsatz fällig.

Aber als an diesem Morgen Silvia, das ist Ottos Freundin, den Otto auf dem gemeinsamen Schulweg fragte: „Was hast denn du für eine Tiergeschichte geschrieben?" da wurde dem Otto heiß und kalt zugleich.

Er hatte auf den Aufsatz völlig vergessen, er hatte überhaupt keine Tiergeschichte, und eine gute Ausrede hatte er auch nicht. Was er hatte, war gleich zu Beginn ein bißchen Glück. Denn als der Lehrer in die Klasse kam, sagte er: „Kinder, jetzt gehen wir in den Tiergarten. Nehmt eure Schultaschen mit, wir wollen versuchen, einige Tiere zu zeichnen. Die Aufsatzhefte sammle ich nachher ein!"

Das gab natürlich ein großes Hallo in der Klasse. Nur Otto konnte nicht so recht froh sein. „Aufgeschoben ist nicht aufgehoben!" dachte er. „Und den Aufsatz werde ich nachher genausowenig haben wie jetzt."

Im Tiergarten versuchten die anderen als erstes, die lustigen Affen zu zeichnen. Aber Otto setzte sich ein wenig abseits, vor das Gehege der Elefanten. Die nachdenklichen Dickhäuter paßten viel besser zu Ottos Stimmung als die ausgelassenen Affen. Außerdem waren sie leichter zu zeichnen, und bald entstand auf Ottos Zeichenblock etwas, was einem Elefanten wirklich recht ähnlich sah.

Der große Elefant hatte Ottos Zeichenkünste aufmerksam beobachtet. Als Lohn fürs Modellstehen bettelte er jetzt mit seinem Rüssel um Futter.

Otto wußte, daß man Tieren im Zoo kein mitgebrachtes Futter geben soll. Außerdem hatte er nicht einmal ein Jausenbrot mit.

„Leider nichts für dich, Jumbo!" sagte er und zeigte dem Elefanten zum Beweis seine offene Schultasche. Aber Jumbo war anderer Meinung. Er langte mit seinem langen Rüssel schwuppdiwupp! über den Gehege-Graben in Ottos Schultasche und holte – na, was glaubt ihr – heraus? Richtig: das Aufsatzheft. Und mit einem Schwung hatte er es auch schon verspeist.

Otto mußte also (natürlich voller Bedauern) dem Lehrer berichten, daß er sein Aufsatzheft heute wohl nicht mehr würde abgeben können.

„Tja", lachte der Lehrer. „Otto, ich glaube, du mußt den Aufsatz noch einmal schreiben!"

„Herr Lehrer", sagte Otto, „ich werde den ganzen Aufsatz neu schreiben!"

Und das war schließlich nur halb geschwindelt.

„Der Elefant und das Aufsatzheft! So soll meine lustige Tiergeschichte heißen!" sagte Otto.

Naja, und was soll ich euch noch sagen? Ottos Aufsatz war dann natürlich einer der besten in der Klasse. Otto ist eben ein Glückspilz.

Froschkönig für Frösche

Eine Froschfamilie saß am Ufer ihres Tümpels und blickte in die untergehende Sonne.

„Es wird Abend", sagte Mama Frosch.

„Ja, ja", quakte Papa Frosch, „Zeit zum Schlafengehen!"

„Ich bin aber noch gar nicht müde!" gluckste Babyfrosch.

„Das kenne ich!" lachte Papa Frosch. „Als ich klein war, hab' ich das auch immer gesagt. Trotzdem solltest du jetzt schlafen!"

Der kleine Frosch rollte die Augen und bettelte: „Dann erzählt mir bitte noch eine Geschichte!"

„Wenn du willst!" meinte Mama Frosch. „Also: Es war einmal ..."

„Ach", unterbrach der kleine Frosch, „die kenn' ich schon!"

„Aber, aber", quakte Vater. „Die Geschichte hat ja noch gar nicht begonnen."

„O ja!" trotzte der Kleine. „Es war einmal ... Das hab' ich schon mal gehört!"

Da mußte die Froschmama lachen: „So fangen doch fast alle Geschichten an."

„Warum?"

„Das weiß ich nicht. Aber irgendwie müssen sie ja anfangen. Soll ich dir jetzt eine Geschichte erzählen oder nicht?"

„O ja, bitte!" rief Babyfrosch und hüpfte in die Luft.

„Na, dann leg dich nieder und hör schön zu! Also: Es war

einmal ein Schloß. Auf dem Schloß lebte eine Prinzessin. (Und ihre Eltern, die Königin und der König, natürlich auch.) Die Prinzessin hatte eine goldene Kugel. Das war ihr liebstes Spielzeug. Eines Tages, als die Prinzessin mit ihrer goldenen Kugel am Brunnenrand saß, rollte die Kugel von ihrem Schoß und plumpste mitten ins Wasser ...“

Ja, liebe Kinder: die Froschmama erzählte ihrem kleinen Frosch die Geschichte vom Froschkönig, die ihr sicher alle kennt. Es ist die Geschichte von der Prinzessin, der die Kugel ins Wasser fällt. Und als ein Frosch die Kugel zurückbringt, da will er einen Kuß von ihr. Und nach einigem Hin und Her kriegt er den auch. In diesem Moment aber verwandelt sich der Frosch in einen Prinzen. Die beiden heiraten natürlich, und wenn sie nicht gestorben sind ... und so weiter, aber das wißt ihr ja alles.

Der kleine Frosch hörte sich die Geschichte bis zum Schluß an, und als seine Mama am Ende war, da schlief er friedlich ein. Und er begann zu träumen: Er träumte davon, mit seinem Lieblingsspielzeug – einer goldenen Münze, die er in seinem

Tümpel gefunden hatte – über das Ufer zu tollen. Und da passierte es! Die goldene Münze entglitt ihm und kollerte über den Abhang. Der kleine Frosch lief ihr sofort nach, und er hätte sie auch erwischt. Doch da rollte die Münze auf einen Stein zu, stieß dagegen und flog in hohem Bogen über eine Mauer. Die Mauer war viel zu hoch für den kleinen Frosch. Da mußte er weinen. Doch plötzlich hörte er eine Mädchenstimme:

„Warum weinst du, kleiner Frosch?"

„Ach, ich habe mit meiner Münze gespielt, und sie ist mir über die Mauer gesprungen!"

Das Mädchen sagte: „Ich bringe sie dir zurück, wenn ... wenn du mir ein Bussi gibst!"

„Der ein Bussi geben", dachte der Frosch, „puh, die ist ja gar nicht grün und überhaupt nicht glitschig!"

Doch seine Münze wollte er doch gerne haben. So schloß er die Augen und spitzte seine Lippen. In diesem Moment krachte ein Donner und zuckte ein Blitz. Und vor ihm saß ein hübsches, glitschiggrünes Froschmädchen.

„Du hast mich erlöst", hauchte sie. „Ich war verzaubert, und dein gutes Herz hat mich wieder in einen schönen Frosch verwandelt."

„Willst du mit mir in meinen Tümpel kommen und meine liebe Froschfrau werden?" fragte der kleine Frosch verlegen. „Ja", flüsterte das Froschmädchen und wurde dunkelgrün im Gesicht. So träumte der kleine Frosch, und sein Papa sagte leise: „Wie gut er heute schläft."

„Ja, ja", meinte auch die Froschmama. „Und ich habe schon

gefürchtet, die Geschichte vom Froschkönig wäre vielleicht zu aufregend für ihn. Stell dir nur vor, dir gibt irgendein Mensch einen Kuß, und du wirst auch ... ein ... Mensch! Nicht auszudenken!"

„Ja, schrecklich", sagte der Froschpapa. „Aber zum Glück ist das ja nur ein Märchen!"

„Ja, zum Glück!" wiederholte Mama Frosch, und dann schlief auch sie ein, und es wurde ruhig über dem Tümpel, denn alle schlummerten und jeder träumte einen schönen Traum.

Die Abenteuer der kleinen Struwelhexe

Das Eiszapfenglockenspiel

Es war ein wunderschöner Wintertag. Die kleine Struwelhexe saß auf ihrem Baum in der Sonne.

„Wenn das Wetter so schön ist wie heute", dachte sie, „dann muß man einfach gut aufgelegt sein. Ach, was für ein Tag!" Die kleine Struwelhexe summte leise vor sich hin, und nach einiger Zeit begann sie lauthals zu singen.

Nun haben Hexen von Natur aus keine besonders schönen Stimmen, und die kleine Struwelhexe war da keine Ausnahme. Ihr Gesang klang eher wie ein heiseres Krächzen und – abgesehen davon – ziemlich falsch.

Und siehe da, schon nach kurzer Zeit kam Mira, die Elster, geflogen und landete vor der kleinen Hexe.

„Hihihi", kicherte sie, „Struwelhexe, bist du unter die Sänger gegangen? Das klingt ja schaurig. Glaubst du denn, daß das irgend jemandem im Wald gefällt?"

Die kleine Struwelhexe verstummte betroffen. „Darüber habe ich noch nie nachgedacht!" sagte sie dann. „Ich bin einfach so gut aufgelegt, weil heute so ein schöner Tag ist, und irgendwie muß man seine gute Laune doch ausdrücken, nicht wahr?"

„Naja, da hast du vielleicht recht", gab Mira zu. „Aber eine Sängerin wird aus dir nie! Du solltest dir etwas anderes suchen, um deine gute Laune auszudrücken."

Noch bevor die kleine Struwelhexe darauf antworten konnte, war die Elster schon davongeflogen.

Die kleine Hexe überlegte lange, was sie tun könnte. Dann hatte sie eine Idee.

Sie flog mit ihrem Besen zur Futterraufe, die auf einer Lichtung stand. Vom Dach der Futterraufe hingen dicke Eiszapfen, die die kleine Struwelhexe nun abzubrechen begann, einen nach dem anderen, jeder in einer anderen Länge.

Dann flog sie zu ihrem Baum zurück und hängte die Eiszapfen, der Größe nach geordnet, an einem Ast auf. Dazu verwendete sie eine lange Schnur, die sie im Sommer aus Gräsern geflochten hatte.

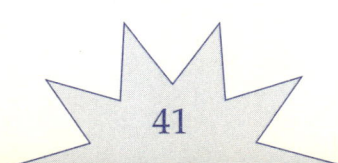

Als die Eiszapfen aufgehängt waren, murmelte die Hexe: „Jetzt brauche ich nur noch ein Staberl – und dann kann es losgehen. Ich bin gespannt, ob es funktioniert!"

Na, wißt ihr schon, was die kleine Struwelhexe vorhatte?

Nun, sie brach einen kleinen Ast ab und begann, leicht an einen Eiszapfen zu schlagen. Bing – das gab einen leisen, klirrenden Ton. Der nächste, kürzere Eiszapfen gab einen anderen Ton, und der nächste wieder einen anderen, und nach einiger Zeit gelang es der kleinen Struwelhexe sogar, auf ihrem Eiszapfenglockenspiel eine kleine Melodie zu spielen. Es waren recht eigenartige Töne, die sie da erzeugte, aber es klang wunderschön.

„Ja, ich glaube, ich habe eine Möglichkeit gefunden, meine gute Laune auszudrücken!" dachte die kleine Struwelhexe zufrieden.

Und sie spielte auf ihrem Eiszapfenglockenspiel so lange, bis es in der Mittagssonne schmolz.

Struwelhexe lernt eislaufen

An einem schönen Wintertag beschloß die kleine Struwelhexe, ein wenig mit ihrem Besen umherzufliegen und die Sonne zu genießen.

Sie wickelte sich also einen dicken Schal um den Hals, zog ihre wärmsten Filzpantoffel an, setzte sich auf den Besen und flog los. Sie war guter Dinge und summte fröhlich vor sich hin.

Nach einiger Zeit kam sie in die Nähe einer kleinen Stadt. Sie hatte sich bisher noch nie so weit zu den Menschen vorgewagt, aber diesmal hatte sie etwas entdeckt, das ihre ganze Aufmerksamkeit in Anspruch nahm.

„Nein, so etwas!" krächzte sie mit vor Verwunderung heiserer Stimme. „Nein, also das gibt's doch gar nicht! So etwas habe ich noch nie gesehen!" Sie lenkte ihren Besen ein bißchen tiefer und konnte nun genau erkennen, was da unten vorging. Da liefen Kinder, dick angezogen, auf einem zugefrorenen Teich umher.

„Was machen die da nur?" fragte sich die kleine Struwelhexe. „Es sieht fast so aus, als ob sie fliegen würden! Nein, ich glaube, sie rutschen auf dem Eis!"

Sie konnte sich an dem bunten Bild gar nicht sattsehen.

„Ob das wohl Spaß macht? Und ob ich das auch kann?" Sie überlegte kurz, und dann hatte sie eine Idee.

„Ich werde auf unserem Waldsee, der ja schon lang zugefroren ist, auch übers Eis laufen", dachte sie. „Das kann ja nicht so schwer sein!"

Gesagt, getan. So schnell sie nur konnte, flog die kleine Struwelhexe zurück in den Wald und landete neben dem See.

„So jetzt werde ich genauso wie die Kinder, die ich gesehen habe, meine Runden drehen! Was die können, kann eine Hexe schon lange!" machte sie sich selber Mut.

Dann nahm sie einen Anlauf und sprang mit einem großen Satz mitten aufs Eis.

Na, ihr könnt euch sicher vorstellen, was dann passierte! Die kleine Hexe schlitterte zwar ein Stück dahin, weil sie soviel Schwung hatte, aber dann verlor sie das Gleichgewicht und fiel hin. Ganz verdutzt blieb sie auf dem Rücken liegen, die Beine senkrecht in die Höhe gestreckt. „Auweh, au – mein Rücken!" jammerte sie. „Ich glaube fast, eislaufen ist doch nicht so einfach, wie ich gedacht habe!"

Sie versuchte aufzustehen, aber sie rutschte auf ihren Filzpantoffeln immer wieder aus. „Also sowas, das gibt's doch nicht, bei den Kindern hat es so einfach ausgesehen!" murmelte sie vor sich hin.

Die kleine Struwelhexe gab aber nicht so schnell auf. Immer wieder versuchte sie aufzustehen, und als es ihr endlich gelungen war, machte sie ein paar vorsichtige Schritte.

„Na also", meinte sie zufrieden, „es geht ja doch. Man muß nur Geduld haben!"

Nun übte die kleine Struwelhexe den ganzen Nachmittag und machte bald gute Fortschritte. Sie konnte sogar schon richtig gleiten.

Als sie später auf ihrem Besen heimflog, dachte sie: „Morgen werde ich weiterüben! Es wäre doch gelacht, wenn ich nicht bald genauso geschickt wäre wie die Kinder! Und es wird mir gelingen, so wahr ich die kleine Struwelhexe bin!"

Das Eulenkind

Die kleine Struwelhexe saß auf dem dicksten Ast eines Baumes und dachte nach.

Das dichte, giftgrüne Haar stand ihr wirr vom Kopf ab, das bodenlange, lila Kleid war voll mit Flecken, und ihre großen Filzpantoffel hatten auch schon bessere Zeiten gesehen. Sie wirkte ganz genauso, wie man sich eine Hexe vorstellt – nur mit einem Unterschied: Sie war eine gute Hexe, der es Freude machte, ihren Freunden, den Waldbewohnern, zu helfen.

Nun saß sie also auf dem Baum, hatte das Kinn auf ihren Besenstiel gestützt und überlegte. Drei Tage lang war sie durch den Wald geflogen, hatte in die Nester der Vögel geschaut, ihre Freunde, die Eichhörnchen, besucht und mit den Hasenkindern gespielt.

Aber es war nichts Besonderes vorgefallen, und nun wartete die kleine Struwelhexe schon sehnsüchtig darauf, Arbeit zu finden und gebraucht zu werden.

Natürlich wünschte sie sich nicht, daß jemand in Not gerate und dann ihre Hilfe brauchte, aber es war halt recht langweilig, den ganzen Tag nichts Nützliches zu tun zu haben. Die kleine Hexe überlegte gerade, ob sie nicht den Mäusen bei der Futtersuche helfen sollte, als sie plötzlich jemanden weinen hörte.

Sie blickte um sich, aber sie konnte niemanden entdecken. Kurz entschlossen setzte sich die kleine Struwelhexe auf ihren Besen und flog hinunter auf den Boden, um nach dem Rechten zu sehen.

Da sah sie auch schon eine graue Kugel mit großen, dunkelblauen Augen, aus denen dicke Tränen rannen, auf der Erde sitzen.

„Ja, wer bist denn du? Und warum weinst du?" fragte die kleine Hexe.

„Hu, huhu, hui, huhu …" ertönte es. Und noch einmal: „Huhu hui huh!!"

„Also, wenn du mir nicht sagst, was los ist, dann kann ich dir auch nicht helfen!" meinte die Struwelhexe und legte beruhigend den Arm um das graue, weiche Etwas.

„Hu, hu, ich heiße Ewi und bin aus dem Nest gefallen. Meine Mutter, die Eule, war nicht zu Hause, und ich wollte mir ein bißchen die Gegend ansehen, und dabei bin ich heruntergefallen! Ich kann ja noch nicht fliegen, und jetzt weiß ich nicht, wie ich wieder nach Hause kommen soll! Huhu, huiii …"

„Na, das ist natürlich eine schlimme Sache. Du kannst aber froh sein, daß du dir bei dem Sturz nicht wehgetan hast!" erwiderte die kleine Hexe. „Jetzt laß mich einmal nachdenken, wie ich dir helfen könnte."

Die kleine Struwelhexe überlegte angestrengt, wie sie das Eulenkind Ewi nach Hause bringen konnte.

Endlich meinte sie: „Am besten setzt du dich hinter mich auf meinen Besen, und wir fliegen zu deinem Nest. Halt dich aber gut fest, damit du nicht noch einmal herunterfällst!"

Also setzte sich das wollige, zitternde und noch immer leise

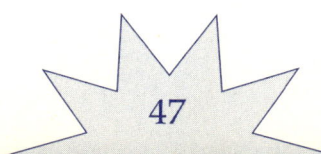

schluchzende Eulenkind hinter die kleine Struwelhexe auf den Besenstiel, und schon flogen sie zum Eulennest.

Ewis Mutter war gerade nach Hause zurückgekehrt und kam ihnen ganz aufgeregt entgegengeflattert. Sie beruhigte sich erst, als ihr Kind wieder wohlbehalten im Nest saß.

Nun bedankte sie sich herzlich bei der Hexe und lud sie ein, ihr und Ewi noch ein bißchen Gesellschaft zu leisten. Die kleine Struwelhexe nahm die Einladung gern an, und zu dritt verbrachten sie noch einen vergnügten Abend.

Die kleine Hexe aber freute sich nicht nur, daß sie endlich wieder gebraucht worden war, sondern auch darüber, daß sie neue Freunde gefunden hatte.

Wiesengeschichten

Einladung zum Wiesenfest

Einmal kroch der Erdzwerg aus seiner Höhle und freute sich über den Sommertag.

„Guten Morgen, Mohnblume! Guten Morgen, Tante Kamilla!" grüßte der Erdzwerg.

Tante Kamilla gähnte. Noch ziemlich verschlafen saß sie in ihrer Windschaukel und ließ sich wiegen.

Drüben am Wegrand saß der neunmalkluge Wiesentroll Dieter Distelzahn unter einer Distel und zählte Ameisen: „Zwei ... fünf ... drei ... sieben ..."

Da keuchte etwas, drüben im Feld. Im Getreidewald raschelte es. Die beiden Feldmäuse Frieda und Felizitas kamen von der Futtersuche zurück.

„Im Dorf", begann Frieda atemlos.

„Gibt's einen Delikatessenladen, frisch eröffnet!" rief Felizitas.

„Wir haben ihn ausgeraubt!" schwärmten alle beide.

Jetzt bemerkten es auch die anderen: Die Mäusinnen trugen Körbe voll Nüsse, Honigkuchen, Haferkeksen und Kornlaibchen.

„Für euch zwei ist das viel zu viel", stellte der Erdzwerg fest.

„Die beiden würden platzen!" kicherte Tante Kamilla.

Und Dieter Distelzahn vergaß die Ameisen. Er meinte, die Köstlichkeiten würden für ein ganzes Festmahl reichen.

„Ein Freßmahl?" – „Freßfest!" – „Wiesenfreßfest!" Der Erdzwerg hatte den besten Einfall: „Wißt ihr was", meinte er, „wir veranstalten eine Sommernachtsparty! Mit erlesenen Speisen und Getränken. Mit Musik, Gesang und wilden Tänzen!"

Damit waren alle einverstanden. Nur Dieter Distelzahn seufzte. Wie viele Einladungen mußte er verschicken? Wen durfte er auf keinen Fall vergessen? Und ob die Schneckenpost alle Käfer, Heuschrecken und Grillen, Frosch, Fröschin und Fledermaus rechtzeitig erreichte?

Dieter Distelzahn pflückte viele, viele Haselnußblätter und begann, Buchstaben einzuritzen: „Herzlich willkommen ..." Inzwischen stand der Erdzwerg auf einem Maulwurfshügel und dirigierte das Grillenorchester. Außerdem wollte er unbedingt auf seiner Weizengeige mitspielen. Oder war es besser, erst zum Schluß aufzutreten? Ein Lied an den Mond, als Krönung? Und wenn die Frösche nur nicht zu hoch, zu tief, zu schnell oder zu langsam quakten!

Frieda und Tante Kamilla tanzten zur Musik. Manchmal stiegen sie einander auf die Zehen, aber das machte nichts. Die Mohnblume ertappte sich dabei, „schubidu, schubidei", mitzusingen.

Felizitas bereitete die Imbisse vor. Viele appetitliche Häppchen, mit Klee garniert. Dazu Tautropfensekt. Nur die Servietten fehlten. Zu dumm. Felizitas drehte sich um und wollte eilig noch einmal nach Hause. Da sah sie, wie Troll Dieter Distelzahn dahergerannt kam, die vielen Haselnußblätter in der Hand. „Die Einladungen!" rief er, „alle zwölfunddreißig Einladungen!"

„Wieso? Wir haben doch längst alle Gäste zusammenge-
trommelt", wunderte sich Felizitas. „Aber Servietten kann
ich brauchen: deine hübschen Einladungshaselnußblattser-
vietten."
Nun mußte die Party gelingen!

Guten Abend, Maulwurf!

Bis zum Abend wußte es auch die langsamste Schnecke: Sommernachtsparty auf der Wiese beim Bahndamm! Alle hatten bei den Vorbereitungen mitgeholfen, alle waren müde. Der neunmalkluge Wiesentroll Dieter Distelzahn ließ sich erschöpft in ein Büschel Luzerne fallen. Gleich darauf war er wieder unterwegs. „Muß arbeiten. Muß die Gäste zählen", murmelte er, „eins, vier, fünf, drei ..."

Und die Gäste hatten allerbeste Laune. Kein Wunder, denn als Abendfressen gab es exquisite Leckerbissen. Darum hatten sich die Feldmäuse Frieda und Felizitas persönlich gekümmert.

Der Erdzwerg stand auf einem Maulwurfshügel und wartete darauf, daß die Musikanten pünktlich eintrafen und sich nicht zwischen den Gräsern verirrten. Nervös stimmte er seine Weizengeige. Dirigieren sollte er auch noch!

Inzwischen bahnten sich Fröschin und Frosch einen Weg durch das Gedrängel von Käfern, Mäusen und Nachtschmetterlingen. „Rückt doch zur Seite", quakten sie wichtig, „macht Platz für die Künstler!" Der Erdzwerg schubste sie gleich auf ihre Plätze im Chor. „Können wir endlich anfangen?" zirpten die Grillen ungeduldig. Ja, sie waren bereit. Das Fest begann, mit Musik und Tanz ...

Es dauerte nicht lange, da glaubte der Erdzwerg unter seinen Füßen ein leichtes Erdbeben zu spüren. Oder ein Maulwurfhügelbeben? Zerstreut dirigierte er weiter. Schräge, schrille Töne klangen durch die Nacht.

„Aus!" rief der Erdzwerg, „das ist ja nicht anzuhören!"

Dann ging er dem Beben auf den Grund. Der Grund war schwarz, hatte kurzes Fell und schimpfte: „Ihr haltet es wohl nicht für notwendig, einen gewöhnlichen Maulwurf einzuladen, wie?"

„Doch, aber ich – äh ... es tut mir sehr leid", stotterte der Erdzwerg. „Wir bedauern!" raunten Grillen und Frösche.

Auch Dieter Distelzahn war herbeigeeilt. Diesmal dachte er nicht ans Zählen. Ganz unkompliziert half er dem Maulwurf aus seinem Loch. „Schönes Gefühl, wenn einem die ganze Gesellschaft sozusagen auf dem Kopf rumtrampelt. Oder herumtanzt", empörte er sich immer wieder. Ein paar Gäste verteidigten sich: „Warum mußt du auch im Keller wohnen? Kein Wunder, daß wir dich vergessen haben!"

Der Erdzwerg dachte nach. Die Weizengeige war ihm längst aus der Hand geglitten. Wirklich, was konnte der Maulwurf dafür, daß er unter der Erde lebte? Daß er leise und unscheinbar seine Gänge grub? Aber es war noch Zeit genug, ihn zu versöhnen!

Entschlossen nahm der Erdzwerg sein Instrument wieder zur Hand, bat um Ruhe und kündigte ein Begrüßungslied für den Maulwurf an. Und Tante Kamilla nahm ihn einfach an der Hand und schleppte ihn zum Tanz.

Auch später, beim Imbiß, wurde der Maulwurf noch sehr verwöhnt! So sehr, daß er am Ende der Party einfach in sein eigenes Maulwurfhügelloch fiel.

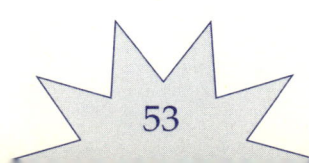

Vorsicht, Ungeheuer!

Das Korn auf dem Feld stand hoch und goldgelb. Die Feldmäuse Frieda und Felizitas hatten alle Verwandten mit Tanten, Nichten, Onkeln, Neffen und Urgroßeltern eingeladen. Sie versuchten hartnäckig, an die reifen Körner heranzukommen.

Tante Kamilla lag in ihrer Windschaukel und schlief.

Der Erdzwerg war aus seiner Höhle gekommen. Nun stand er am Wiesenrand, schaute übers Feld und atmete tief ein: „Mmm ... aaahh!"

„Es ist seltsam", dachte der Zwerg, „reifes Getreide duftet – eben wie reifes Getreide, wie Brot und Sommer zugleich. Nämlich himmlisch. Eine Kuhflade aber riecht immer nur nach Kuhflade."

Und wie jedes Jahr wünschte er sich, der Sommer sollte bis zum Frühling dauern.

Mitten in diesen Wunsch hinein drang ein fernes Grollen. Es kam immer näher. Der Boden unter dem Feld bebte.

„Ein Ungeheuer!" ängstigten sich die jungen Mäuse.

„Rennt, so schnell ihr könnt!" warnten die älteren Mäuse.

„Kommt", riefen Frieda und Felizitas, „wir kennen hier alle Schlupfwinkel!"

Bald hatten sie sich in Erdlöchern und zwischen Rhabarberblättern in Sicherheit gebracht.

Auch Tante Kamilla war aufgesprungen. Verwundert beob-

achtete sie das Schauspiel, das sich jedes Jahr zur Sommer-
zeit wiederholte: Der Erdzwerg stellte sich dem Ungeheuer
entgegen, wütend drohte er ihm mit seinen Fäusten, um das
duftende Feld zu verteidigen. „Verschwinde gefälligst, du
lächerlicher Wicht, oder ich mache Brei aus dir!" brüllte der
Erdzwerg. Immer wieder – bis der Mähdrescher gefährlich
nahe herankam. Mit einem Riesensprung flüchtete nun auch
der Zwerg. „Dem hab' ich's aber gegeben", knurrte er noch.
Der Mähdrescher machte weiter seine Arbeit. Ratternd, mit
scharfen Messern mähte er die reifen Halme nieder. Dann
verschwand er, ratternd, knatternd, stinkend.
Spät am Abend, als alles vorbei war, flitzten die Mäuse
immer noch übers Feld. Sie fanden so viele verlorene Körner,
daß sie tagelang genug zu fressen hatten.
Der Erdzwerg saß vor seiner Höhle und überlegte: „Wonach
duftet ein Stoppelfeld? Ein wenig nach Sonne, Erde oder ..."
Da riß ihn Tante Kamilla aus seinen Gedanken: „Siehst du's?
Dieser prächtige Sonnenuntergang! Und kein lästiges
Getreide, das uns die Aussicht stiehlt!"

Winterreise – Wintersorgen

Im Herbst sammelte der Erdzwerg Wintervorräte. Verlorene Getreidekörner, Haselnüsse und auch Heublumen und wilde Minze, um daraus Tee zu kochen. Und er sorgte dafür, daß der Holzstoß wuchs und daß keine Feuchtigkeit in die Höhle sickern konnte. Manchmal schaute er den Zugvögeln nach, die in dichten Schwärmen Richtung Süden flogen. Dann nahm er seine Weizengeige und spielte Lieder von Wolken und blaugrünen Bergen.

Bald wehte der Wind kühler. Es regnete tagelang. Zwischendurch, wenn die Sonne wärmte, kam der Erdzwerg gern aus der Höhle. Er traf auch die beiden Feldmäuse Frieda und Felizitas oder Hasen, die sich aus ihrem Versteck gewagt hatten. Nur der neunmalkluge Wiesentroll Dieter Distelzahn war nirgends zu sehen.

„Ich müßte ihn suchen, um ihn vor dem Winter zu warnen", überlegte der Erdzwerg. „Aber wer neunmalklug ist und fast bis drei zählen kann, weiß doch bestimmt, wie unangenehm die Kälte ist. Oder Grippe!"

Der Winter kam plötzlich und breitete eine dicke Schneedecke über die Wiese am Bahndamm. Der Erdzwerg saß in seiner Höhle und hatte es gemütlich warm. Als er schlafen gehen wollte, hörte er es draußen poltern. Eine vertraute Stimme klagte: „Mir ist kalt! Bitte, bitte, hilf mir!"

„Also weißt du", antwortete der Erdzwerg. „Ich hab' meine

Zwergenwinterhöhle, und du sollst schon längst in deiner Trollwinterhöhle wohnen. Das wäre gerecht. Und du müßtest nicht betteln." Trotzdem – Dieter Distelzahn tat dem Erdzwerg leid, und er ließ ihn ein.

„Du hast recht", gestand der Wiesentroll, während der Erdzwerg ihm ein heißes Fußbad bereitete, „eine Höhle graben und Vorräte sammeln, das ist sehr vernünftig." Dieter Distelzahn machte eine Pause, denn der Erdzwerg hatte ihm auch Tee und Hafersuppe zubereitet. Und wer den Mund voll hat, kann nicht gut zugleich reden.

Nachdem sich Dieter Distelzahn innen und außen gewärmt hatte und sich wohlfühlte wie eine Katze am Ofen, setzte er fort: „Auch ich wollte vernünftig sein, und klug. Deshalb beschloß ich, den Winter diesmal in einem Land am Meer zu verbringen. An einem Ort, wo man Sonnenhüte statt Wollmützen trägt und den ganzen Tag schwimmen darf und Eisbecher mit frischen Melonen ißt. Ich kletterte zwischen dürren Blumenstengeln den Bahndamm rauf und nahm den nächsten Zug Richtung Süden ..."

Dieter Distelzahn erzählte noch eine lange Geschichte von seiner kurzen Reise. Wie es ihm gelungen war, in den Zug zu gelangen, vom Versteck in einer Manteltasche, und daß der Zug nur drei Stationen weit gefahren wäre.

Ob alles wirklich wahr und nicht erfunden war?

Der Erdzwerg wußte es nicht genau. Aber er freute sich, daß er in der Winterhöhle nicht allein war. Für einen armen Wiesentroll, der ihn reich mit aufregenden Geschichten beschenkte, würde er gern noch eine Weile sorgen.

Raubritter Friederich

Vor langer Zeit – und das ist nun wirklich schon sehr lange her – da lebte der Raubritter Friedrich auf seiner Burg Schurkenstein. Besser gesagt lebte dort die ganze Raubritterfamilie: Uropa Friederich der Uralte, Großvater Friederich der Alte und dessen Sohn, Friederich der Junge. Sie alle lebten mit ihren Frauen auf Burg Schurkenstein.

Friederich der Junge war mit der Burgfrau Cosima verheiratet, und es war Herbst, als diese einen Sohn zur Welt brachte.

„Wie lieb er aussieht", sagte sie zärtlich und streichelte ihr neugeborenes Kind.

„Pah", polterte der Vater, „wenn er groß ist, wird er ein gefürchteter Ritter, so wie ich ... aber bis dahin ..." Seine Stimme wurde viel sanfter, „... bis dahin ... darf er ruhig lieb sein. Er sieht nämlich wirklich sehr lieb aus, Cosima!"

Cosima die Burgfrau legte ihren Sohn in die Wiege und fragte: „Wollen wir ihn Friedel nennen?"

„Was hast denn du geglaubt?" lachte der Ritter. „Natürlich wird er so heißen: Friedrich der Allerjüngste! ... Solange er so lieb ist, darfst du ihn meinetwegen ‚Friedel' nennen."

Die Jahre zogen ins Land, und der junge Sohn des Ritters wuchs heran. Eines Abends, als der Vater von einem Beutezug nach Hause kam, fragte er ihn: „Nun, Friederich, es ist soweit. Du bist ein Mann geworden. Es ist an der Zeit, daß du einen ordentlichen Beruf ergreifst!"

„Ja, Vater", freute sich Friedel, „ich will Schlosser werden!"

„Was?" rief der Vater entsetzt. „Ich hab' gesagt, du sollst einen ordentlichen Beruf ergreifen! Schlosser ... Schlosser will er werden! – Schlosser sind zum Knacken da, nicht zum Bauen!"

„Aber Papa", meinte Friedel, „wenn sie niemand baut, dann kann sie auch keiner knacken."

„Ach, red nicht solchen Unsinn", raunte der Ritter. „Du wirst ein anständiger Räuber. So wie dein Vater und dein Großvater und dein Uropa!"

Da blickte der Friedel seinem Vater in die Augen und sagte bittend: „Sei mir nicht böse, Papa. Ich kann kein Räuber werden. Ich will Schlosser werden. Ich möchte ins Dorf hinunter und dort in die Lehre gehen. Bitte, laß mich ziehen!"

Seine Mutter sagte: „Vater, der Bub will unbedingt ein Schlosser werden. Warum auch nicht? Erfüllen wir ihm doch seinen Wunsch!"

„Gut", rief der Ritter, „du sollst werden, was du willst. Aber eines mußt du mir versprechen: Besuch uns ab und zu!"

„Mach' ich, Vater! Danke!" strahlte Friedel glücklich. Dann packte er sein Bündel, nahm Abschied und ging ins Dorf. Beim Schlosser fand er eine Lehrstelle.

Sein Vater aber saß am Kamin und grübelte vor sich hin. „Was hast du?" fragte Cosima. „Bist du traurig, weil er fort ist?"

„Ach", sagte der Ritter, „er ist erwachsen und geht seinen eigenen Weg – das ist ganz normal. Was mir aber Sorgen macht ..." Er stocherte in der Glut und schüttelte seinen

Kopf: „Ich kann doch keine Raubzüge mehr unternehmen, jetzt da unser Friedel ein Schlosser ist! Ich kann doch keine Schlösser knacken, die vielleicht mein eigener Sohn in mühevoller Arbeit selbst gebaut hat!"

Er sah seine Frau an und flüsterte ihr ins Ohr: „Du, Cosima ... eigentlich wollte ich ja immer schon Bäcker werden. Hättest du was dagegen?"

Seine Frau freute sich und schmunzelte: „Nein, Friederich! Was sollte ich dagegen haben? Du wirst Bäcker, und wir haben in der Früh immer warme Brote!"

Da kam der Großvater in den Raum. Er hatte alles von draußen mitangehört. Er räusperte sich: „Mhm! Könnte ich vielleicht ... jetzt, da du doch Bäcker ... und der Friedel ein Schlosser ... ich wollte sagen ..."

„Nun, raus damit, Opa!"

„Könnte ich – Nachtwächter werden? Ich kann sowieso nie schlafen!" Da guckte der Uropa durch die Tür: „Und ich werde Kapitän und fahre zur See. Ahoi!"

Als sich im Dorf herumsprach, daß die Ritter keine Raubritter mehr waren, sondern Bäcker, Nachtwächter und Seemann, da atmeten alle erleichtert auf. Die Burg hieß nicht mehr „Schurkenstein", sie wurde auf „Friederichsberg" umbenannt. Am meisten aber freute sich der junge Friedel. Sooft er konnte, besuchte er seine Eltern und brachte jedes Mal ein schönes, selbstgemachtes Schloß mit. Sein Vater hob alle Schlösser sorgsam auf. Früher hätte er sie sofort geknackt – „zur Übung", wie er es nannte. Für sowas hatte er jetzt aber keine Zeit mehr. Und auch keine Lust.

Ja, und hier ist auch die Geschichte aus, denn eben schnuppert Ritter Friederich mit seiner Nase und riecht etwas Angebranntes. Es kommt aus der Küche. Das können nur seine Brote sein ...

Der Briefträger Julius

Julius fällt in den Bach

Der Briefträger Julius radelte mit seiner vollen Posttasche über eine Brücke.

„Wie schön ist es doch hier am Bach!" dachte er. „Ich werde eine kleine Pause einlegen!"

Er lehnte sein Fahrrad an das Brückengeländer und setzte sich an das Ufer des Baches. Dann wickelte er sein Jausenbrot aus und biß hinein.

Auf einmal aber fiel das Fahrrad mit der schweren Posttasche auf dem Gepäcksträger um. Der ganze Inhalt der Tasche fiel in den Bach. Julius sprang entsetzt auf.

„Meine Briefe! Hilfe, hiergeblieben!"

Er lief verzweifelt am Ufer auf und ab und versuchte, die Tasche mit einem Ast herauszufischen. Dabei beugte er sich so weit vor, daß er ins Wasser fiel.

Prustend tauchte er auf. „Heute geht auch alles schief!" Julius erwischte gerade noch seine Kappe und setzte sie auf. Die Briefe aber wurden langsam davongetrieben.

„Ich muß sie bekommen!" sagte er. „Die Leute warten doch auf ihre Post!"

Er schwamm den Briefen nach.

Ein Brief hatte sich im Gestrüpp des Ufers verfangen. Julius erwischte ihn. Weil er die Hände aber zum Schwimmen brauchte, nahm er ihn einfach zwischen die Zähne und schwamm weiter. Und während er so einen Brief nach dem anderen einsammelte, trieb er immer weiter den Bach hinunter.

Ein Stück weiter unten lag Herr Schling am Ufer. Er hatte den Hut ins Gesicht gezogen und döste neben seiner Angelrute.

Da spürte er auf einmal einen heftigen Ruck an der Angel.

„Ein Fisch!" rief er und sprang auf. „Es muß ein Riesenbrocken sein."

Er zerrte und kurbelte aus Leibeskräften, bis er seinen Fang an Land gezogen hatte. Aber seltsam: Der Fisch war ganz blau, trug eine Kappe und hatte einen Packen Briefe zwischen den Zähnen. Herr Schling setzte seine Brille auf.

Vor ihm lag schnaufend und triefend der dicke Briefträger Julius. Der Angelhaken hatte sich in seiner Hose verfangen.

„Herr Julius! Wo kommen Sie denn her?! fragte Herr Schling erstaunt.

„Aus dem Bach!" antwortete der Briefträger.

„Ja, das sieht man!" lachte Herr Schling. Julius überreichte ihm einen Brief.

„Gut, daß ich Sie treffe", sagte er. „Ich habe Post für Sie!" Herr Schling schaute Julius verdutzt an.

„Daß es Luftpost gibt, weiß ich, aber daß es jetzt auch Wasserpost gibt ..."

Julius schämte sich, zu erklären, wie die Briefe in den Bach gekommen waren. Er verabschiedete sich, zog die Kappe fest über die Ohren, nahm die Briefe in den Mund und wollte wieder in den Bach steigen, um zurückzuschwimmen.

„Herr Julius", sagte Herr Schling, „es geht mich zwar nichts an, aber meinen Sie nicht, daß Sie auf dem Landweg vielleicht etwas schneller sind!"

Herr Schling packte seine Angelrute ein. „Kommen Sie, ich bringe Sie zurück zu Ihrem Fahrrad."

Sie fuhren mit dem Auto zurück zur Brücke. Dort gab Herr Schling Julius noch ein Stück Angelschnur. Julius band die Briefe daran fest, stieg auf sein Fahrrad und zog sie wie einen Drachenschwanz hinter sich her. Er trat kräftig in die Pedale.

„Wenn ich schnell genug radle", dachte er, „sind die Briefe vom Fahrtwind trocken, wenn ich im Dorf ankomme."

Julius und die Brieftauben

Julius, der Briefträger, dachte oft darüber nach, wie er seine Arbeit erleichtern könnte. Einmal las Julius in einem Buch, daß Tauben Briefe befördern können.

„Das ist gut!" dachte er, „wenn ein Briefträger krank ist, dann bringen die Tauben die Briefe zu den Leuten!"

Also ging Julius in eine Tierhandlung, kaufte zehn Tauben und band ihnen die Briefe an das Bein. Dann las er jeder Taube laut und deutlich die Adresse vor und ermahnte sie, keine Umwege zu machen. Er öffnete das Fenster und ließ die Vögel fliegen.

Die Tauben freuten sich, endlich in die Freiheit zu kommen, und flatterten fröhlich umher. Eine setzte sich auf einen Telegraphenmast, eine andere auf den Rauchfang des Nachbarhauses, eine dritte auf eine Fernsehantenne. Aber keine der Tauben dachte daran, die Briefe an ihren Beinchen irgendwo hinzubringen.

Julius stand am Fenster. „Ksch! Ksch!" machte er. „Fliegt! Na los, die Leute warten auf ihre Post!"

Die Tauben aber kümmerten sich nicht darum. Julius war verzweifelt. Er hatte nicht daran gedacht, daß auch Brieftauben lange lernen müssen.

Es blieb ihm also nichts anderes übrig, als sich selbst wieder auf den Weg zu machen. Schimpfend zog er seine Uniform an, setzte seine Kappe auf ... – aber die Post! Die hing ja noch an den Taubenbeinen! Wie sollte er sie wieder zurückbekommen? Julius riß das Fenster auf und rief den Tauben zu: „Gebt mir wenigstens die Briefe zurück!"

Als das nichts nützte, lief Julius auf die Straße und versuchte, an Telegrafenmasten und Dachrinnen hochzuklettern. Die Leute schüttelten den Kopf.

„Armer Julius!" sagten sie. „Jetzt ist er völlig verrückt geworden!"

Julius konnte keine der Tauben fangen. Enttäuscht ging er zurück in seine Wohnung, um nachzudenken.

Und weil er beim Nachdenken immer etwas zum Knabbern braucht, riß er seine Packung Popcorn auf.

Auf einmal hörte er hinter sich ein Flattern. Eine Taube saß am Fenster und drehte neugierig ihr Köpfchen. Dann flog sie hinüber zum Tisch und machte sich über das Popcorn her.

Julius traute seinen Augen nicht. – Nach und nach kamen auch die anderen Tauben angeflattert. Schon bald war das Zimmer von Gurren, Geflatter und Gepicke erfüllt.

Schnell schloß Julius das Fenster, und während die Tauben das Popcorn aufpickten, löste er die Briefe von ihren Beinen, steckte sie in die Tasche und radelte davon.

Er mußte sich sehr beeilen, denn er hatte mit seinem Abenteuer schon sehr viel Zeit verloren.

Julius und die Bienen

Brieträger leben manchmal ganz schön gefährlich. Besonders wenn sie ein bißchen zerstreut sind, wie unser Julius.

Der Bauer Jauch hatte von seinem Schwager Bienen bekommen. Er stellte die bunten Bienenkästen in einer Wiese auf und freute sich an dem Gesumme.

Sein Hof lag ein Stück außerhalb des Dorfes. Der Weg ging steil bergauf, und der dicke Brieträger Julius mußte von seinem Fahrrad steigen und schieben.

Da fiel sein Blick auf die bunten Kästen, die in der Wiese standen. Sein Gesicht heiterte sich auf.

„Ah, was sehe ich! Da hat der Bauer Jauch ja eine ganze Reihe Briefkästen aufgestellt, damit ich nicht jeden Tag bis zum Hof hinauf muß. Das ist eine gute Idee. Und wie schön bunt sie sind!"

Julius nahm einen Brief aus der Tasche und ging auf die Kästen zu. Die Bienen schwirrten ihm um den Kopf.

„Brr, sind die heute wieder lästig, bestimmt kommt schlechtes Wetter."

Aber was ein richtiger Landbrieträger ist, der läßt sich nicht von Wind und Wetter, nicht von Hunden und schon gar nicht von ein paar Bienen abschrecken.

Julius schob den Brief in einen der Kästen. Kaum hatte er das getan, ging es erst richtig los. Das ganze Bienenvolk brauste

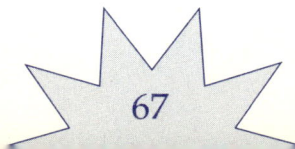

wie eine dunkle Wolke heraus und fiel über Julius her. „Zu Hilfe!" rief Julius, lief zu seinem Fahrrad und fuhr, so schnell er konnte, den Berg hinunter.

Aber die Bienen folgten ihm. Sie stachen den armen Briefträger, wo sie nur eine freie Stelle fanden.

Julius sah den Weg nicht mehr. Er fiel mitsamt seinem Fahrrad in einen Forellenteich. Erst jetzt beruhigten sich die Bienen und schwirrten davon.

Julius stieg aus dem Wasser. Alles tat ihm weh. Er nahm sein Fahrrad und schob es langsam nach Hause.

Dort legte er sich gleich ins Bett und bedeckte sein Gesicht mit nassen, kalten Tüchern. Auch am nächsten Tag war sein Gesicht noch so geschwollen, daß er nicht aufstehen konnte. „Wer wird den Leuten jetzt die Post bringen?" dachte er, „die vielen Briefe, Päckchen, Postkarten ..."

Als man im Dorf erfuhr, daß Julius krank war, beschlossen die Leute, ihn zu besuchen.

Oma Kiesel war die erste. Sie brachte einen noch warmen Gugelhupf und machte Kaffee. Wenig später kam Herr Schling dazu, und nach und nach immer mehr Leute aus dem Dorf, bis Julius' kleine Wohnung voll war. Und alle saßen um das Bett herum und plauderten mit Julius. Sie sagten, daß er ihnen fehle, und daß er bald wieder gesund werden müsse.

Julius war glücklich. Die Stiche taten ihm auch schon kaum mehr weh. Die Leute hatte ihm so viel zu essen gebracht, daß Julius, als er wieder auf sein Briefträgerfahrrad stieg, runder und lustiger war als je zuvor.

Bei Bauer Jauch stand jetzt in sicherer Entfernung von den Bienen ein neuer Briefkasten. Und damit es in Zukunft keine Verwechslungen mehr geben konnte, stand auf den Bienenkästen groß und deutlich „Nur für Bienen" und auf dem Briefkasten „Nur für Briefträger".

Pit der Drache

Pit ist neugierig

In einer großen Höhle mitten im Wald wohnt der kleine Drache Pit. Er ist kein gewöhnlicher Drache. Sein ganzer Körper ist mit Schuppen bedeckt, die im Sonnenlicht in den herrlichsten Farben schillern. Manchmal blau, dann rot und ein anderes Mal violett. Am Kopf und am Rücken hat er einen wunderschönen, orangefarbenen Kamm. Pit hat auch zwei kleine Flügel und kann damit sogar ein bißchen fliegen. Bei den Waldtieren, den Hasen, Igeln, Rehen und Vögeln ist der kleine Drache sehr beliebt, weil er immer freundlich und lustig ist.

Eines Tages, als Pit gerade seine Höhle auskehrte, kam ihm eine Idee. „Ich wohne hier mitten im Wald!" dachte er. „Aber irgendwo muß der Wald doch zu Ende sein, und was ist dort? Gibt es dort auch Blumen, Bäume und Tiere? Wer lebt dort?"

Den ganzen Tag lang grübelte er darüber nach, fand jedoch keine Antwort. Als es dunkel wurde, beschloß er, seine Freundin, die Eule Tula, zu fragen. Sie wohnte in einem alten Baum und war gerade aufgestanden, als der kleine Drache zu ihr kam. Eulen sind nämlich Nachttiere und werden munter, wenn alle anderen schlafen. Da sie sehr weise war, wußte sie sofort eine Antwort.

„Dort, wo der Wald zu Ende ist", sagte sie, „beginnt eine große Stadt mit vielen Häusern!"

„Häuser? Was ist denn das?" wollte Pit wissen.

„Häuser sind große Höhlen, in denen Menschen wohnen!" antwortete Tula.

„Und was sind Menschen?" fragte Pit.

„Menschen sind lustige Geschöpfe!" sagte Tula.

„Ich habe schon ein paar Mal welche gesehen. Sie gehen auf zwei Beinen und haben bunte Federn, die sie Kleider nennen. Manchmal steigen sie auch in farbige Blechkisten, die großen Lärm machen und stinken. Mit denen sausen sie herum!"

„Ich möchte sie gern kennenlernen!" seufzte der kleine Drache.

„Die Blechkisten?" rief die Eule erstaunt.

„Aber nein, die Menschen! Ist es sehr weit bis zur Stadt?" wollte Pit wissen.

„Nein. Wenn du fliegst, bist du in ein paar Stunden dort!" entgegnete Tula. Pit blickte zu Boden.

„Du weißt doch, daß ich nicht sehr gut fliegen kann!" murmelte er verschämt.

„Das macht gar nichts. Wenn du läufst, brauchst du auch nicht viel länger! Es ist nicht allzu weit!" tröstete ihn Tula.

„Fein, dann marschiere ich gleich morgen los!" freute sich Pit. „Kannst du mir bitte den Weg beschreiben?"

„Aber gerne! Zuerst gehst du bis zur alten Eiche, in der Tip, das Eichhörnchen, wohnt, und von dort zum Waldsee!" erklärte die Eule. „Fein, da kann ich auch gleich meine Freunde, die Frösche, besuchen!" lachte Pit.

„Jaja, und dann ist es auch nicht mehr weit bis zur Stadt!" sagte Tula. „Du wirst bald die ersten Häuser sehen!"

„Vielen Dank, Tula! Auf Wiedersehen!" rief Pit und lief nach Hause, wo er vor Aufregung kaum einschlafen konnte.
Am nächsten Tag packte er seine Sachen, verschloß den Eingang zu seiner Höhle und nagelte ein kleines Schild daran.
„Bin in der Stadt. Komme bald wieder. Pit!" stand darauf.
Dann machte er sich fröhlich und neugierig auf den Weg.

Ist Pit ein Ungeheuer?

Pit wanderte viele Stunden durch den Wald, bis er durch die Bäume die ersten Häuser erblickte. „Hurra, hurra! Ich bin da!" rief Pit und lief, so schnell er konnte, über eine Wiese und dann weiter auf einer Straße, mitten hinein in die Stadt.

Plötzlich stand er auf dem Hauptplatz. Dort spielte gerade eine Trachtenkapelle. Sie stand in der Mitte des Platzes, und um sie herum drängten sich viele kleine und große Menschen, die zuhörten.

Zuerst bemerkte niemand den kleinen Drachen. „Das also sind die Menschen!" staunte er. „Ich werde ihnen gleich guten Tag sagen."

Vor ihm stand eine Dame in einem roten Kleid. Er ging zu ihr hin, zupfte sie am Rock und sagte: „Hallo! Guten Tag! Ich bin Pit!"

Die Dame drehte sich um, sah den kleinen Drachen, riß die Augen auf und stieß einen lauten Schrei aus: „Zu Hilfe! Zu Hilfe! Ein Ungeheuer!"

Die Kapelle hörte zu spielen auf, und alle schrien durcheinander: „Da, da, seht nur! Ein Ungeheuer! Es ist ein Drache!"

Die Menschen starrten entsetzt auf Pit, der sie freundlich anlachte. „Komisch, daß die Menschen so laut schreien, wenn sie sich freuen!" dachte er. „Ein Drache! Ein Drache! Rette sich, wer kann!" riefen die Leute und rannten davon.

Die Musiker ließen einfach ihre Instrumente fallen und versteckten sich, wo sie nur konnten.

„Der ist bestimmt gefährlich und kann Feuer speien! Vielleicht frißt er uns auf! Ruft die Polizei, die Feuerwehr!" tönte es über den Platz. Pit verstand die Welt nicht mehr.
„Die Menschen haben aber eine merkwürdige Art, guten Tag zu sagen!" dachte er.
Alle waren davongelaufen, und der Platz war nun leer. Pit setzte sich hin und wartete. Plötzlich hörte er hinter sich ein lautes „Tatüüü ... tataaa", und ein großes rotes Auto kam um die Ecke gesaust.
Einige Feuerwehrleute sprangen heraus und breiteten ein großes Netz aus. Langsam gingen sie auf den kleinen Drachen zu.

„Was wollen die von mir? ... Die wollen mich doch nicht etwa fangen?" erschrak Pit. Jetzt bekam er Angst und rannte davon.

Die Feuerwehrleute liefen hinter ihm her. „Haltet ihn!" keuchten sie. „Fangt ihn!" riefen die Menschen aus den Fenstern.

Es gab eine wilde Verfolgungsjagd quer durch die Stadt.

„Ich muß mich irgendwo verstecken!" schoß es Pit durch den Kopf. „Aber wo?"

Da kam er zu einem Park, und mit einem riesigen Satz sprang er hinter einen Busch. Durch die Blätter konnte er sehen, wie die Feuerwehrleute an seinem Versteck vorbeiliefen.

„Gerettet!" dachte er. „Aber was haben die Menschen nur? Warum fürchten sie sich so vor mir? Ich wollte ihnen doch nur guten Tag sagen!"

Dann schlief er enttäuscht und erschöpft ein.

Pit findet Freunde

Als Pit aus dem Schlaf erwachte, war es tiefe Nacht.

„Du! Miau! Was machst du denn da?" maunzte es hinter ihm. Pit drehte sich erschrocken um. Als er einen großen Kater erblickte, atmete er erleichtert auf. Der wollte ihn bestimmt nicht fangen!

„Ich versteckte mich vor den Menschen mit dem großen Netz!" antwortete er.

„Vor wem?" fragte der Kater verwundert.

„Vor den Menschen, die mich einfangen wollten! Dabei wollte ich ihnen doch nur guten Tag sagen!" klagte Pit.

„Also jetzt verstehe ich überhaupt nichts mehr. Am besten du erzählst mir der Reihe nach, was passiert ist!" meinte der Kater.

Nun begann der kleine Drache, seine Erlebnisse zu berichten.

„Warum haben die Menschen nur solche Angst vor mir?" fragte er zum Schluß. „Ich tu' doch keiner Fliege was zuleide!"

„Naja, weißt du, manchmal sind die Menschen sehr merkwürdig!" antwortete der Kater. „Du bist ein Drache, und für sie sind alle Drachen böse, gefährliche Tiere!"

„Aber ich bin doch weder böse noch gefährlich! Ich kann nicht einmal Feuer speien! Alle Tiere im Wald haben mich gern!" rief Pit.

„Jaja, aber das wissen die Menschen nicht!" entgegnete der Kater. „Mach dir nichts draus, kleiner Drache! Ich heiße übrigens Felix!"

„Mein Name ist Pit! Wohnst du hier in der Stadt, Felix?" fragte Pit.

„Ja, ich wohne nicht weit von hier, in einem großen Haus, bei Kathrin. Sie ist ein liebes Mädchen, und ich habe sie sehr gern! Immer wenn ich Hunger habe, gibt sie mir Milch und Fleisch!" schnurrte Felix.

„Hunger? Ich habe eigentlich auch sehr großen Hunger!" meinte Pit.

„Da hab' ich eine Idee!" lachte Felix. „Zu Hause bei Kathrin gibt es massenhaft Milch, Fleisch, Gemüse und Obst! Das gehört zwar alles mir, aber ich teile es gern mit dir! Komm nur mit!"

Vorsichtig schlichen die beiden durch den Park, die Straße hinunter bis zu dem Haus, in dem Felix wohnte. Sie tappten die Treppe hinaus in den dritten Stock und schlüpften durch die kleine Katzentür in die Wohnung.

„Schau, da sind die Schränke, in denen die guten Sachen sind!" flüsterte Felix dem kleinen Drachen zu.

In diesem Augenblick kam ein kleines Mädchen in einem langen Nachthemd und mit ihrem Teddybären unter dem Arm in die Küche. Es war Kathrin, die plötzlich aufgewacht war und ein Glas Wasser trinken wollte.

„Hallo Felix!" begrüßte sie den Kater. „Wen hast du denn da mitgebracht?"

„Das ist mein Freund Pit!" maunzte Felix. „Er ist ein besonders freundlicher Drache!"

„Du bist wirklich lieb!" sagte Kathrin und streichelte Pit den Kopf.

„Hast du denn gar keine Angst vor mir?" fragte er verwundert.

„Aber nein, warum soll ich denn vor einem so lieben Drachen Angst haben!" lachte Kathrin und kraulte Pit hinter dem Ohr. Das haben Drachen besonders gern.

„Du, Kathrin! Wir haben beide so großen Hunger!" miaute Felix. Das kleine Mädchen verstand sofort.

„Natürlich! Gleich bekommt ihr etwas Gutes zu fressen! Dann muß ich aber schnell wieder ins Bett. Es ist schon sehr spät!"

Pit war glücklich! Jetzt hatte er in der Stadt schon zwei Freunde gefunden.

Pit der Held

Der kleine Drache Pit aß sich also bei Kathrin ordentlich satt, und dann richtete er sich unter einem Busch im Park ein gemütliches Versteck ein. Dort besuchte ihn am Nachmittag der Kater Felix.

„Hallo! Guten Tag!" begrüßte Pit seinen Freund.

„Schau nur. Zwischen den Zweigen kann ich die Menschen auf der Straße beobachten!"

„Sehr schön!" schnurrte Felix. „Aber ich wollte dich eigentlich fragen, ob du wieder zu Kathrin mitkommen möchtest. Sie würde sich bestimmt freuen, und wir könnten miteinander spielen!"

„O ja, gern!" rief der kleine Drache. „Sie hat ja keine Angst vor mir!"

So liefen die beiden durch den Park, die Straße hinunter, bis sie bei dem Haus angelangt waren, in dem Kathrin wohnte. Aber dort erschraken sie fürchterlich, denn es standen viele Menschen vor dem Haus und schauten in die Höhe!

„Was machen all die Leute hier?" flüsterte Pit seinem Freund ins Ohr.

„Ich weiß es nicht!" entgegnete Felix. „Sie schauen!" Felix und Pit blickten auch in die Höhe und erschraken noch viel mehr. Oben im dritten Stock stand ein kleines Mädchen auf dem Fensterbrett! „Das ist ja Kathrin!" rief Felix. „Wenn sie nur nicht herunterfällt!"

„Warum steht sie denn auf dem Fensterbrett? Das ist doch gefährlich!" meinte Pit.

„Ihre Mutter ist bestimmt einkaufen gegangen!" antwortete Felix. „Kathrin hätte nicht aus dem Fenster klettern dürfen! Die Mutter hat es doch verboten! Jetzt kann sie nicht zurück! Was machen wir nur?"

Die Leute ringsum waren auch sehr aufgeregt. „Halte dich fest!" riefen die einen. „Holt die Feuerwehr!" riefen die anderen, aber niemand tat etwas.

Da hatte der kleine Drache eine Idee. Wenn er all seine Kraft und seinen ganzen Mut zusammennahm, dann konnte er bestimmt bis zu dem Fenster im dritten Stock fliegen und Kathrin retten.

Er begann, mit seinen Flügeln zu schlagen, und sprang vom Boden ab. Wirklich! Er flog! Immer höher und höher. „Seht doch nur! Was fliegt denn da?" riefen die Leute. „Das ist ja der kleine Drache! Was will er dort oben?"

Felix hatte längst begriffen, was Pit wollte, und schrie aufgeregt: „Bravo, kleiner Drache! Gleich bist du oben!"

„Hilf mir, Pit!" rief Kathrin. „Ich habe solche Angst! Bitte hilf mir!"

Da war Pit schon bei ihr auf dem Fensterbrett angelangt.

„Du brauchst keine Angst zu haben!" keuchte er. „Klettere auf meinen Rücken und halte dich gut fest. Ich bringe dich sicher hinunter!"

Vertrauensvoll setzte sich Kathrin auf seinen Rücken und landete ganz sanft mit ihm auf der Straße.

„Danke, du lieber, kleiner Drache!" flüsterte sie ihm ins Ohr.

„Der Drache hat das Kind gerettet! Bravo! Bravo! Es lebe der brave, kleine Drache!" riefen die Menschen begeistert.

Pit strahlte vor Glück.

Am nächsten Tag erschien ein großes Foto von ihm in der Zeitung, und darunter stand: „Der tapfere Drache Pit!"

Befriedigt kehrte Pit in den Wald zurück. Die Zeitungsseite aber hängt seither in seiner Höhle und erinnert ihn an sein großes Abenteuer.

Schweinchengeschichten

Das Schweinekonzert

Wenn man ein richtiges Fest feiern will, gehört dazu ein Konzert. Das ist Ehrensache!

Bei Familie Schwein wurde gefeiert. Elf kleine Ferkelchen waren angekommen. Dieses Ereignis sollte natürlich festlich begangen werden. So wurde denn auch beschlossen, daß es ein Konzert geben sollte. Selbstverständlich mußte das ein Schweinekonzert sein. Was denn sonst?

Das älteste Schwein übernahm die Leitung.

„Schnuff-schnuff", grunzte es die andern an, „hört mir einmal zu!"

Und dann erklärte es, wie es sich das Konzert gedacht hatte. Es schickte die hohen Quieker auf die linke Seite. Die tiefen Grunzer kamen auf die andere Seite. Die aber, die über keine gute Stimme verfügten, sollten mit den Pfoten den Takt schlagen.

Als alle Schweine eingeteilt waren, konnte mit der Musik begonnen werden. Das war ein Konzert! Dagegen ist Katzenmusik rein gar nichts.

Man hörte das Grunzen, Quieken und Schlagen in der ganzen Gegend. Alle, die ein empfindliches Gehör hatten, hielten sich die Ohren zu. Die andern aber, die Lärm liebten, kamen angerannt, um die Musik ganz aus der Nähe zu hören.

Die Schweinemutter, der die elf Ferkelchen gehörten, strahlte über das ganze Gesicht.

„Hört ihr", grunzte sie ihre kleinen Lieblinge an, „dieses Konzert gibt man euch zu Ehren! Ist das nicht großartig? Welch schöne Musik! Ach, besonders das hohe Quieken klingt wundervoll."

Zehn der rosigen Ferkelchen aber schliefen bei dem Lärm ein. Nur das elfte hob den Kopf und lauschte mit seinen großen Ohren dem Schweinekonzert.

„Quiek", ließ es sein Stimmchen vernehmen, und dann summte es doch tatsächlich die Melodie mit.

Wie staunte die Schweinemutter.

„Hört ihr, wie mein kluges Schweinchen euren Gesang zu würdigen weiß?" rief sie den Musikern zu.

„Es kann sogar die Melodie mitsingen. Nein, so etwas – diese Begabung! Aus diesem kleinen Schwein wird bestimmt einmal ein ganz besonderes Schwein werden."

Das kleine Schwein richtete sich bei den Lobesworten seiner Mutter auf und schlug mit den Vorderpfoten den Takt zum Gesang seiner Onkel, Tanten, Vettern und Basen.

Es quiekte vergnügt und war stolz, der Mittelpunkt dieser lärmenden Gesellschaft zu sein.

„Ein begabtes kleines Schwein", nickte der Konzertmeister. „Wirklich, wir dürfen noch vieles von ihm erwarten."

Die Schweinemutter grunzte zufrieden. Sie hätschelte ihr kleines Schwein, das ein ganz besonderes Schwein werden sollte.

Die Tanzstunde

Eines Morgens sagte das kleine Schwein zu sich: „Ich will etwas lernen, was kein anderes Schwein kann. Und dann dachte es eine Weile nach. Schließlich grunzte es zufrieden und sagte laut: „Jetzt weiß ich, was ich will. Ich möchte tanzen lernen."

Das kleine Schwein sagte weder seiner Mutter noch sonst jemandem etwas davon. Es trabte einfach los, bis es eine Tanzschule fand. Die Tanzlehrerin war eine nette Dame. Sie hatte großes Verständnis für den ungewöhnlichen Wunsch des kleinen Schweins.

„Eines sage ich dir aber gleich, mein liebes Schwein, leicht ist das Tanzen nicht", warnte die Tanzlehrerin.

„Schnuff, schnuff", machte das kluge Schweinchen, „ich will mir alle Mühe geben. Wenn es Bären gibt, die tanzen können, warum soll ich es dann nicht lernen?"

„Da hast du recht", nickte die Lehrerin. Sie zeigte der neuen Schülerin, wie man die Füße zierlich setzen muß.

„Immer ein wenig nach außen", rief sie. Auch das Sich-Drehen, Verbeugen und Springen zeigte sie dem klugen Schweinchen. Dann setzte sie sich an das Klavier und spielte zur Begleitung eine lustige Melodie.

Das kleine Schwein war wirklich sehr gelehrig. Bald machte es seine Sache so gut, daß die Tanzlehrerin meinte, nun könne es die erste Vorstellung geben.

Da quiekte das Schweinchen vor Freude. Aufgeregt wackelte es mit seinem Ringelschwänzchen.

Noch am gleichen Abend lief das kluge Schweinchen in den Zirkus zu seinem Freund. Das war der rothaarige Clown mit dem weißen Gesicht. Ihm zeigte es seine Tanzkunst.

„Das ist ja eine tolle Leistung!" freute sich der Clown. Und er lachte, daß sein Mund von einem Ohr bis zum andern reichte.

Als am Abend das Zirkuszelt festlich beleuchtet war, trippelte das kleine Schwein in die Manege. Es begann zu tanzen: links herum, rechts herum, Verbeugung nach allen Seiten, ein kleiner Sprung, ein zierlicher Schritt und noch vielerlei mehr. Zum Schluß setzte es sich auf seine kleinen Hinterbacken und winkte mit den Vorderpfoten.

Das gab einen Applaus!

Von allen Seiten regnete es Blumen und Bonbons und Schokolade und Erdnüsse. Der Jubel war gewaltig.

Da klopfte das Herz des kleinen Schweins vor Freude über seinen Erfolg. Mühe und Ausdauer hatten sich gelohnt.

Am nächsten Tag sah man im ganzen Land Plakate mit dem tanzenden Schwein. Die Zirkusvorstellungen aber waren allabendlich ausverkauft.

Das radelnde Schwein

Das kleine Schwein konnte radeln. Das Schwein war rosa und das Rad rot. Sehr hübsch sah das aus. Als das Schwein zum ersten Mal fortradelte, wurde es von niemandem angehalten. Zwar starrten ihm die Leute nach und wunderten sich sehr, aber keiner hielt es fest und sagte: „Es ist ganz ungehörig für ein Schwein, radzufahren! Du gehörst in den Stall und nicht auf die Straße!"

Das Schwein radelte vergnügt durch die Gegend und dachte: „Das ist ja prächtig, daß ich so unbehelligt dahinradeln kann."

Einmal führte es sein Weg in die Stadt. An der großen Kreuzung stand ein Polizist und regelte den Verkehr. Das Schwein grüßte höflich, wie es sich gehört. Der Polizist rieb sich die Augen – hatte er richtig gesehen?

Aber das Schwein war schon fort und fuhr gerade an einem Kaffeehaus vorbei. Eine Dame, die auf der Terrasse unter einem weißen Sonnenschirm saß, trank Kaffee, als sie das Schwein erblickte. Vor Schreck ließ sie den Löffel in die Tasse fallen und rief laut: „Seht doch nur, das Schwein dort! Es kann ja radfahren!"

Das Schwein winkte und radelte weiter. Nun fuhr es über eine Brücke. Als es unten im Wasser sein Spiegelbild sah, mußte es lachen und wäre beinahe vom Rad gefallen.

„Nein, sieht das komisch aus", rief es. Dann radelte es aufs Land hinaus.

Von der Weide her starrten es die Kühe an, von den Telefondrähten schauten die Vögel zu ihm hinunter. Selbst die Mäuse lugten aus ihren Löchern und wunderten sich.

Das Schwein wurde ordentlich stolz, daß ihm so viel Aufmerksamkeit geschenkt wurde.

„Da sieht man einmal, wie gut es ist, etwas Rechtes zu können", sagte es begeistert.

Endlich kam es auf eine Wiese, wo ein riesiges Zelt stand und viele Leute emsig an der Arbeit waren. „Nanu", dachte das Schwein, „wo bin ich denn hier?"

Ehe es noch weiterdenken konnte, wurde es von einer Schar Leute umringt. Einer aus der Gruppe hatte ein weißbemaltes Gesicht und rote Haare. „Ein Schwein, das radeln kann – das ist das Richtige für unseren Zirkus!" rief er und hielt das Rad fest.

Und er behielt das Schwein eine Zeitlang bei sich und zeigte es jeden Tag im Zirkus, einmal nachmittags für die Kinder, einmal abends für die Erwachsenen.

Das Schwein war glücklich, weil es so gut radeln konnte und im Zirkus auftreten durfte.

„Gelernt ist gelernt!" rief es und radelte freihändig durch die Manege!

Der Weihnachtsengel

Es war am Tag vor Weihnachten. Der Nachmittag legte sich ernst und feierlich über die Stadt. Die Kinder konnten den nächsten Tag kaum mehr erwarten und hingen den Müttern am Rockzipfel, schubsten einander und machten große Augen. War draußen nicht irgendwas zu sehen? Etwas Besonderes?

Wenn doch sogar die Lieblingspuppe still dasaß! Wartete auch sie?

Weit, weit über der Stadt, auf einem Schneewolkenriesengebirge, saß ein kleiner Engel. Genaugenommen war es noch ein Engerl – das schaute verwundert auf die kribbeligen Erdenkinder und hatte eine Idee.

Man müßte, könnte ...! Wenn aber nur keiner von den Oberengeln was merkte!

Das Engerl flitzte an den himmlischen Puppenwerkstätten, Schneidereien und Lebkuchenbäckereien vorbei, es schob und drängte von Nordwesten her die Schneewolken herbei, blies Eishauch und Kältewellen her – bis es endlich zu schneien begann. Erst zart und locker, dann flockte und flankerlte es wild durcheinander.

Unten auf der Erde aber riefen die Kinder: „Es schneit! Seht nur, der erste Schnee!" Und in ihren Pelzstiefeln und bunten Mützen trollten sie sich ins Freie. Die großen Leute, die sahen einander lächelnd an.

„Weiße Weihnachten", sagten sie und fanden, alles sei nun noch stiller, noch friedlicher. Unser kleines Engerl dort oben freute sich. Es hüpfte vergnügt auf der Schneewolke auf und ab, dann – es konnte nicht anders – purzelte es mit den vielen Schneeflocken zur Erde hinunter.

Später saß es im Park, auf einer Fichtenwipfelschneehaubenspitze.

Es sah Schneebälle hin und her fliegen und hätte wohl gerne mitgespielt – da fiel ihm grad noch ein, daß es ja ein richtiges Engerl war, ein fleißiges Weihnachtsengerl … und es blies erst einmal da und dort bei den Vogelhäuschen die Einfluglöcher frei, packte beim Schneeschaufeln mit an und sah auch noch bei der einsamen Frau Kellermann auf einen kurzen Besuch vorbei.

Es umkreiste unterwegs in zwei Doppelschrauben die Kirchturmspitze und schenkte dem Chor seine helle Stimme – eine Strophe lang. Erst als die Dämmerung die kleine Stadt mit ihren Schneemützen zudeckte, schwebte das Engerl wolkenwärts. Schnell! Eilzugtempo oder 4. Gang oder so ähnlich!

Das Engerl wollte ebenso heimlich, wie es verschwunden war, zu seinen himmlischen Kollegen zurückkehren.

Aber da hatte es schon der Engel für auswärtige Angelegenheiten, Unterabteilung „Erde", am linken Flügel erwischt.

„Na warte, du Ausreißer!" donnerte der Engel, und es klang wie ein Wintergewitter.

„Aber geh .... laß ihn doch ...", sagte da einer, mild und gütig. Der Petrus! Eben zurückgekehrt von einem Wettersturz im Arlberggebiet!

„Geh – es ist halt ein Weihnachtsengerl –, will den Menschen Freude bereiten ... und das ist ihm doch gelungen!" sprach der Petrus weiter.

„Halleluja, halleluja", seufzte der Engel für auswärtige Angelegenheiten, friedvoll verzeihend.

Was blieb ihm schon anderes übrig?

INHALT

Susanne Ayoub:
Wackel & Pelzchen, die Bärenkinder
    Onkel Polka 6
    Rollerfahren 9
    Pelzchen ist verschwunden 12

Thomas Brezina:
Das unglückliche Krokodil 15

Sylvia Grünberger:
Ferdinand das Schloßgespenst 18

Werner Löw:
Billy das Steckenpferd 21

Irene List:
Der kleine grüne Elefant
    Ist ein grüner Elefant überhaupt ein Elefant? 24
    Wer ist noch grün? 27
    Die bunten Elefanten 30

Werner Löw:
Otto der Glückspilz 33

Christian Hanak:
Froschkönig für Frösche 36

Monica Aschauer:
Die Abenteuer der kleinen Struwelhexe
    Das Eiszapfenglockenspiel 40
    Struwelhexe lernt eislaufen 43
    Das Eulenkind 46

Dorothea Lachner:

Wiesengeschichten

Einladung zum Wiesenfest 49

Guten Abend, Maulwurf! 52

Vorsicht, Ungeheuer 54

Winterreise – Wintersorgen 56

Christian Hanak:

Raubritter Friederich 58

Robert Thayenthal:

Der Briefträger Julius

Julius fällt in den Bach 62

Julius und die Brieftauben 65

Julius und die Bienen 67

Thomas Brezina:

Pit der Drache

Pit ist neugierig 70

Ist Pit ein Ungeheuer? 73

Pit findet Freunde 76

Pit der Held 79

Sybille Mews:

Schweinchengeschichten

Das Schweinekonzert 82

Die Tanzstunde 85

Das radelnde Schwein 87

Der Weihnachtsengel 90